美丽
乡愁

MEILI XIANGCHOU

山水家园

姚亚平◎主编

张天清◎执行主编

邹锦良◎编撰

江西美术出版社

全国百佳出版单位

目录
CONTENTS

第一章
美境入梦来
——山间的村落

　　江西地处长江中下游，山地丘陵约占全省面积近60%，平原约占30%，水域面积约为10%，有"六山一水二分田，一分道路与庄园"的说法。从整体地形分布来看，江西东北边为鄱阳湖流域，和长江相连；三面环山，北向毗湖北、安徽，有南北对峙的幕阜山脉、九岭山脉作为自然界线。东向接浙江、福建，中间有怀玉山和武夷山作为天然分界线。南向连广东，有大庾岭、九连山将赣粤两省自然分开，大庾岭所在的梅关古道，是中国古代南北交通大动脉上一个重要驿道。西向邻湖南，罗霄山脉的万洋山、诸广山、武功山成为赣西天然屏障。绿水青山，既是上天给予江西的恩赐，又是江西发展的"金山银山"。千百年来，江西儿女在享受着这份宝贵财富的同时，也在传承和保护着秀美山川。江西先民在择址定居时，极好地利用了江西山川的优势，村庄背靠秀山，维护房后的龙脉，吸收山峰的灵气，利用山陵的资源，建设美好的幸福生活。

嶂岫严抱

浮梁县 严台村

　　严台古名"严溪"，1900 多年前，东汉著名隐士庄光（字子陵）避汉明帝讳改名为"严光"。严子陵后来远离朝廷，隐居山野，有一次云游到豫章郡东北山区，见山水优美，形势特殊，地僻峰耸，村藏岩谷，嶂岫严抱，溪流环曲，便决定和家人定居于此，村庄因此得名"严溪"。南宋时，江氏族人得知此地为严子陵隐居之地，非常仰慕严子陵的高风亮节，故迁移到此居住，并改"严溪"为"严台"。

严台村

严子陵像

南宋嘉泰年间（1201—1204），隐居在严溪的严氏家族北迁陕西，同时，江氏开基祖江仲仁从世居地诰峰村迁于此地。数百年间，江氏族人在此勤恳开拓，繁衍生息。明末清初，严台江氏人丁兴旺，男丁逾千人，茶叶、油茶生意兴隆，闻名遐迩，江氏族人登科第者亦层出不穷，有钱有人之后的江氏族人修建越来越多的民居和宗祠，严台江氏由此成为"门户三千庄八百"的名门望族。

走进严台，我们可以看到222幢传统民居，其中保存比较完好的明清建筑有63幢。建筑的背后，还有大量纹饰精美的石雕、砖雕、木雕、日用器物以及碑文等多种传统民间艺术。严台成为赣东北古村落的典型代表。近年来荣誉众多，既是"江西省历史文化名村"，又是"中国历史文化名村"，还被评为"中国最美休闲乡村"等称号。

严台属黄山余脉，位于江西省景德镇市浮梁县北部江村乡，距乡镇府驻地6.5公里，距浮梁县城70公里，至206国道29.6公里，与安徽省祁门县接壤，至祁门磻溪村4公里。应该说，严台不管是在传统时代，还是在今天都占有交通便利的优势。全村国土面积2570公顷，常住居民352户，1261人，现有水田736亩、林地27915亩、茶园1700亩，是功夫红茶和油茶的主要产地。

严台村群山拱峙，林海绵延，溪水环绕，风光明媚，村内古木参天，自然生态环境优美，堪称"世外桃源"。

村庄依山傍水，前有笔架山为照，后有武云山做靠，左有青龙富春山，右有白虎武云山，两山合抱于村前，形成一个"燕窝"形，口小里大，经村外护村河和富春桥才能绕至村口。

俯瞰整个村庄，就如同一片树叶，严台江氏家谱写道："浮梁极北隅，源尽见严溪。相其形与势，秋叶最相宜。负山更带河，四塞固村基。村藏天府内，左右密包围。天然内城堞，不待人修持。当日桃花源，风景总依稀，三面山环抱，鸟道极崎岖。一面通大道，关锁复重围。"

为营造出更好的居住环境，江氏先祖们在村口建有山门、石桥、山墙，把村南唯一通往外面的环溪石板道和水口锁起来。山门刻有"严溪锁钥"四字，既防人气、福气、财气泄漏，又起到"一夫当关、万夫莫敌"的防御作用，外面戒备森严，不见居民和喧嚣，而隐藏在其中的却是人来人往、欢声笑语的热闹景象。两条从武云山、富春山流出的小溪，穿街绕巷，弯弯曲曲向南，汇合后逶迤流向村口，增加了村庄的灵气。

走进严台，街道成叶脉状，一股街、二股街和前山路构成了叶片上的主脉，前山的三股街就像二股街上的支脉，村中的上弄、杏坞里、方井里、花屋弄等60多条小巷像叶片上的细纹布满叶片，寓意枝繁叶茂。这些建于明代的街巷长约300米，为青石板铺砌，围绕在德一公祠、德二公祠、德三公祠和德四公祠四周，数百年来，不仅成为人们出行的便道，而且一直在护卫着先祖公祠。

严溪村村门"严溪锁钥"

严台红茶

严台高山重叠，森林茂密，这种优美的自然环境不仅是村民生活的绝佳之所，而且非常适宜种植茶叶，功夫红茶便是严台最负盛名的产业。千百年来，严台的村民们享受着来自上天给予他们

严台村水口

的恩赐，用勤劳的双手和聪明的头脑，将功夫红茶生产不断做到精益求精，成为他们传承数百年的金字招牌。

19世纪末，严台村茶叶种植面积高峰时达4000多亩，功夫红茶产量达3000余担，茶庄有7家。著名茶号"天祥"功夫红茶荣获1915年第一届巴拿马万国博览会金奖。1950年毛主席送给苏联领导人斯大林七十寿诞贺礼茶"孚丁"的鲜叶便是采自严台。

"天祥"茶号掌门人江资甫（1857—1916）在严台功夫红茶发展历史上有着举足轻重的作用。江资甫年少便喜攻农商之学，熟练珠算，13岁跟随父亲从事红茶经营，常往返于上海、浮梁之间，结识了众多茶叶工商界人士。20岁时，父亲逝世，江资甫承继父业，独自执掌严台"天祥"茶号，千方百计开拓红茶产销门路。他增加优质山茶种植，增加自产优质茶，努力扩大功夫红茶收购、加工、运销业务，很快他每年红茶收购量达到1000担以上，自产红茶达到400多担，每年销往上海多达2000余箱。

与此同时，江资甫非常注重功夫红茶的精加工技艺，确保功夫红茶技艺的独创性、科学性和严谨性，竭力维护"天祥"号功夫红茶的质量和产销信誉，受到各地茶商的信赖和欢迎。民国四年（1915），"天祥"茶号所产功夫红茶被政府推荐参加在美国旧金山召开的第一届巴拿马万国博览会，并一举获得博览会金奖。

严台红茶获奖

　　繁荣极盛的严台早已远去，只留在严台百姓记忆中。"青山环绕着绿水，绿水滋润着一方土地"，严台村民始终相信，那份古朴、那份自然以及先祖留给他们的财富一直没有远去。今天，严台村在保持古村风貌的基础上，生活设施不断完善，自然环境逐渐优化，村容村貌焕然一新。严台百姓不断传承着上天给予他们的独特历史文化和优美自然环境，在政府"美丽乡村"建设春风下，生活质量日益提升，社会秩序和谐安定，呈现出"经济发展提速，人居环境改善，社会和谐稳定，文明礼仪成风"的繁荣景象。

浮梁红茶

群山透迤

浮梁县
磻溪村

　　磻溪村建村已有千年历史，唐宋时期，戴姓和潘姓均为当地望族，戴姓在村南建有戴氏宗祠，据族谱记载唐末黄巢农民起义军还曾在戴家祠驻扎过。潘姓则沿着小溪北岸居住，在此繁衍生息，南宋时潘姓开始有人读书中举，随之在朝中做官，于是潘氏将村庄命名为"潘村"。

　　明朝初年，汪氏迁入磻溪，随后汪姓兴旺发达，而戴姓和潘姓则逐步衰落并陆续迁走。人丁兴旺的汪氏决定建宗祠、修家谱，他们根据磻溪村中"两石接涧"和"双溪汇源"景致，把"潘村"改名为"磻溪"，寓意"有石则稳，有水则活"。

　　磻溪村长期以农林业经济为主，尤其是结合当地山林资源优势，茶叶生产制作逐渐成为村民的主要生产活动。鸦片战争后，磻溪村红茶制作、销售发展迅速，

磻溪村俯瞰

村民因此积累了大量财富，有了财富的磻溪人纷纷回村建造房屋、宗祠。目前在村中还可以看到保存了大量晚清民国的传统建筑。悠久的历史、厚重的人文、丰富的资源以及保存完好的建筑，使磻溪村荣膺中国传统村落和"江西省历史文化名村"称号。

磻溪为汪姓单姓村落，位于江西省景德镇市浮梁县西湖乡境内，距离景德镇市区约80公里，距离西湖乡政府驻地约5公里。村庄地处皖赣交界，东靠安徽省祁门县新安乡，南倚浮梁县勒功乡，西邻西湖乡西湖村，北连安徽省东至县。全村现有340户，人口1118人，是一个以茶叶生产、制作、销售为特色的古村落。现有茶园2200余亩，田地600余亩，构成山水田园浑然一体的景观特色，是一个天人合一的秀美山村。

村落自然环境优美，处黄山余脉青龙山下，背山面溪，南北两面为低山，一条清澈小溪自西北绕村庄向东南流去。身处群山环抱的磻溪原本交通极为不便，明清时期磻溪盛产茶叶，产业资源优势使其成为浮北地区茶叶集散地，磻溪茶叶向东运往安徽祁门县，然后顺青弋江、新安江销往上海、杭州等地。

晚清时期，磻溪村前往安徽祁门的路上出现匪患，村民于是另辟蹊径，在南边舍坞岭上修建石板路，茶叶运往勒功乡杨村，沿杨村河经昌江、鄱阳湖向外运销。

磻溪村祖祠

磻溪村大弄里

该古道由 1~1.5 米的青石板铺成，蜿蜒曲折连绵数公里。现仍存约 1 公里，车辙深深，可见当时商贸繁荣的景象。

走进磻溪，一条宽 2 米的东西向石板古道穿村而过。街道中段修一条主巷约 5 尺宽，直通总祠，名曰"大弄里"。在主弄两侧、分别修 4 条小巷，从南大街直通到楼屋岭，没有死胡同，出入方便，通道安全。

精于商业，也深谙风水的磻溪先祖在建造村庄家园的时候非常讲究，为装财聚气，他们在村南的东、南、西、北各建一水塘，以照应风水学上的前朱雀、后玄武、左青龙、右白虎。据村民介绍，汪氏先祖在修祠选址时，恰好著名风水先生廖均卿经过此地，经他指点迷津后定下方位。磻溪建祠一帆风顺，得到先祖的护佑，因此磻溪村千百年来不断发展壮大，繁荣昌盛，不仅人丁兴旺，而且人才辈出。

磻溪茶商

磻溪村自然条件优越，适宜种茶，使得村庄因茶叶而兴，千百年来磻溪村民也在享受着上天给予他们的恩赐，在制作和经营茶叶上不断推陈出新，声名远播。磻溪历史上茶商众多，有一些著名茶商在传承茶叶文化，繁荣茶叶贸易上起到了重要作用，如汪宗潜父子。

汪宗潜，乳名尚麟，字诏羽，号如洋，族谱中记载："宗潜年二十，走像章，游姑苏，所如无不得意，业茶汉镇，服贾申江，英、俄、德列国洋商皆宝其货，为无上之珍，犹信其人，毫不苟取，一时得锦夺标，名扬中外，故能扩前人未竟之业。楼宇新而明经选，家声振，然犹克绍箕裘，达意谋身。"

汪宗潜父子长年在外经商。道光二十二年（1842），《南京条约》开埠通商，上海遂为洋商贸易之地。宗潜父子便以茶叶内销改为制绿茶运抵上海外销。当天津议和成功，九江、汉口等内河成为新的通商之域，随着时局变迁，他们又变绿茶而制红茶，出口九江、汉口，并在九江、汉口各设一个茶庄。随即，父子二人名声大噪，汪宗潜获得"九江王"称号。

在汪宗潜父子带动下，磻溪茶号如雨后春笋般拔地而起，如"源春祥""和同昌""同人和""利俊昌""复隆昌""益元祥"等茶号如火如荼地兴起。一时间，磻溪不仅成为茶叶集散地，而且成为浮北一个小市镇，繁华似锦。四方茶叶往磻溪销，八方财源向磻溪来。茶马古道的旱路、水路全都打通，西有茶宝岭的石板大道，南有社午岭的石板古道。那年月，鄱阳、东至屯溪的客商用独轮车，把物资一车车往磻溪输送，磻溪村人如流水，一派繁荣昌盛之势，前后几年，24家茶号遍布全村。

以制茶而享誉海内的磻溪村人在鸦片战争前后抓住国际茶叶市场的需求，与时俱进，制作红茶获得巨大成功，为家族积累了丰厚的财产，对磻溪村社会文化的发展产生了深刻影响。如今磻溪"益元祥""同人和"等老茶号仍保存完好，成为村民的集体记忆。

"看得见青山绿水，留得住乡愁"，磻溪后人通过保护、传承传统文化记忆的方式在守望村庄的千年发展。作为皖赣交界极富特色的中国传统古村落，磻溪不仅体现了中国传统社会的诸多特征，如风水文化、耕读文化、宗族文化，而且体现了自然、资源、文化与人才的优势。今天的磻溪村民在传统与现代之间，正在赋予古村新的希望，开创古村新的篇章。"有石则稳，有水则活"，历经千年，磻溪仍在不断焕发着迷人魅力。

山中邹鲁

婺源县
理坑村

理坑村初名"里源"，清康熙年间，村中"易学"专家、承德郎余光耿题写"理学渊源"匾，并改村名为"理源"。村中有一条小溪绕村而过，小溪在当地被称为"坑"，近代以来，当地百姓便逐渐将"理源"俗称"理坑"。

理坑是余姓聚居村落，据《沱川余氏宗谱》记载，沱川余氏第十世余景阳（字以和，号遁斋）择迁理源（理坑）建村，因其父余元启（原名震祖，字元起，号仁斋）"以明经历职（池州路）判官，曾小筑书院于理源"，"明洪武初，由部村出居理源之书院"。余景阳为余元启第四子，生于元至元三年（1337），卒于明永乐六年（1408）。明嘉靖、万历年间，村里出了工部尚书余懋学和吏部尚书余懋衡两位高官，村庄由此闻名遐迩。

西晋永嘉元年（307），余蝉为避石勒乱，从丹阳迁居遂安（原系歙县南乡地，晋为新安郡新定县）。从此，余姓在徽州开始繁衍。据余氏宗谱记载，北宋末年

理坑村

余姓迁入婺源，"吾家先宗，世居新安。至元复公（余初阳），广明元年（880）间自歙（州）迁东阳；越四传，宏达公（余智）为桐城宰，晚年又自东阳迁居桐城。再传至宋迪功郎希隐公（余道潜），仕桐庐；知方腊乱微服还新安，隐居星源之北沱川，是为始迁之祖也"。

沱川余氏始祖余道潜是个隐士，与朱熹之父朱松为政和八年（1118）的同科进士，他"精于天文、地理"，开禧二年（1206），余道潜"穷浙水之源，访鱲阁（鱲峰）之星峰而来"，卜居"山环水会"之地，至今已800多年。理坑余氏世代居住在这里，他们的传承繁衍证明这是一块"富禄永绵"的风水宝地。

理坑村面积为9.5公顷，现有民居134幢，以住宅为主体的古建筑至今还保留有130幢，其中明代24幢，清代106幢。此外，全村现存14—19世纪的祠堂3幢、石（拱、廊、板）桥9座。现有全国重点文物保护单位天官上卿、司马第、友松祠、云溪别墅、福寿堂等，省级文物保护单位诒裕堂，数量、款式之多国内少见，被誉为"中国明清官邸、民宅最集中的典型古建村落"。因此，理坑村荣获"中国历史文化名村"称号。

理坑村地处江西省婺源县沱川乡，距县城45公里，北与安徽省休宁县接壤，南邻婺源鄣村、燕山诸村。

理坑四周山峰众多，狮山、象山、高湖山、浙岭、鱲峰、平鼻岭、大鄣山等山峰环绕古村，素有"狮象把门"之说。村子处于一条由西南向东北呈袋形山谷的中段。传统时代，理坑先祖为使水口封闭，扼住关口，除在"两山并峙为捍门"的狮、象山种植树木，在溪流上横架藉以"藏风聚气"的理源桥外，还装饰有文昌阁、文笔、水碓、石竭、关帝庙等建筑，使水口不仅关锁严密，而且炫示了富有和荣耀。

发源于东北、流向西南的理源水，在村前稍稍一弯，略近于由东向西流，村庄屋宇大多就建在这宽10余米的小溪北岸。

走进理坑，村落房屋主要建筑在溪流的北岸，沿临溪的石板路延伸，迤逦展开它清新秀丽的南立面。临溪罗列的十几幢古旧宅居，粉墙黛瓦，参差错落，加上层层昂起的马头墙和砖雕门头的点缀，使房屋外观变化有情有致，非常入画。

理坑村溪水

临溪石板路的南侧，溪旁用石块叠砌得很齐整，每隔数十步有台阶下到水边，不时有衣衫鲜丽的姑娘蹲在溪埠石板上浣衣洗菜，红衣绿裤，鲜艳的影子随溪水荡漾；加上嬉水孩童的欢声笑语，透现出洋溢着亲和人性的村落轮廓，看着让人寻思遐想。溪中流水湛清，"天光云影共徘徊"。阳光下，深蓝色的小溪映照着浣衣女灿烂的花衫，弯弯溪水中是粉墙黛瓦房舍的倒影，偶然有鸭群游过，划破如镜的水面，明亮的光和缤纷的色一起颤动，一起闪烁，一起变幻，只有亲见此情此景的人才会真正懂得什么叫"流光溢彩"。

挂冠隐退

余道潜，字希隐，宋雍熙进士余智之孙，舒城县令余永锡之子，他与朱熹父亲朱松是宋徽宗政和八年（1118）同科进士，理学大师朱熹曾为余道潜题画像赞，全文为："精神秋水也，莹澈清涟；心胸开豁也，江淮济读；忠以事君也，诚一不二；谨以抚下也，事毫不苟。噫！宜其德光于前，至今后裔能不固守？"

宣和二年（1120），余道潜由安徽桐城迁沱川篁村。他博览群书，精于天文、地理；为政精密严恕，民甚德之。时朱勔采奇石异卉，进献徽宗建"寿山艮岳"，将至桐庐，余道潜说"吾岂剥民以媚权贵"，但不去办终必有祸，于是挈妻带子，"挂冠穷浙水之源，访黐阁（黐峰）之星峰而来婺源沱川（篁村）"。当时，朱勔搜罗花石，凡民间一石一木可用者即直入其家，破墙拆屋，公然劫走。在此过程中，有些官吏又乘机勒索，以致民不聊生。为此，睦州青溪（今浙江淳安）人方腊遂以诛朱勔为名，在广大农民的拥护下率众发动起义，浙东、浙西一时大乱。这时，人们开始佩服余道潜挂冠隐退之先见。

理坑，四季云雾缭绕，土壤理化性状良好，光照漫射，此地所产茶叶色、香、味皆优，具有"条索紧结浑圆、泡水汤清叶绿、香气馥郁浓烈、滋味鲜爽醇厚"等突出特色。

今日理坑，有茶地 566 亩，油茶 1210 亩，产自深山的树果无任何污染，茶油富含不饱和脂肪酸、维生素 E 和茶多酚等，是一种食用营养与药用价值兼具的"液体黄金"。理坑还有一种退迩闻名的特产——荷包红鲤鱼，有"水中瑰宝""宴席珍肴"之誉，肉嫩鲜美，营养丰富，被国家水产总局列为中华鲤鱼类之冠。

漫步理坑，穿行在墙高巷深、宁静安谧的石板道上，如同走进悠远的历史隧道。只见承负着数百年明清风霜的古屋，府邸宅院比肩而立，门楼门罩高大轩昂，马头山墙错落有致，莲瓣柱础生气盎然。民居中布置着井然的天井庭院，高大宽敞的堂屋花厅，奇巧多变的梁架结构，轻巧温馨的玲珑隔扇，精美绝伦的"三雕"（砖、石、木雕）装饰，古朴雅致的室内陈设等，烙印着绚丽的历史文化记忆，透露着浓郁的儒雅之风。

俯瞰理坑，这个地处幽雅环境中的古建筑群落，煞为动人，仿佛是飞速发展的人类文明无意间遗落下的一幅迷人的长卷。只见山朗水丽之间，屋宇栉比起伏交错，粉墙焯焯黛瓦叠伏，石桥高架园池整洁，加上田畴随风起伏的稻菽微澜、山脚躬耕细耘的老牛农夫、桃李放霞、梨花披雪的点缀等，满目一派清新隽逸、淡雅明快的诗画般的美感，宛然世外桃源、平和恬静的"乌托邦"国度。

狮山松翠

延村 婆源县

延村原称"延川",据当地村民讲,他们的祖先希望后世子孙能够像村前川流不息的清溪一样绵延百世,故将村庄取名为"延川",而后渐渐俗称"延村"。

延村以经商闻名,"文化大革命"期间延村出土了一只秦代的四方形陶质秤砣,据考证,这是中国最早的秤砣,也是中国最早用于商业交换的度量衡。

延村始建于北宋元丰年间(1078—1085),查、吴、程、吕四姓最早在这里聚居,查氏是五代十国时南唐宣歙观察使、挂冠隐居婺源蚺城西郊廖坞之查文徽后裔;吴氏是西汉长沙王吴芮后裔;汪氏是唐大中十二年(858)、领兵镇守婺源之歙州衙前兵马指挥使汪道安后裔;程姓迁居延村是在元代,光绪《婺北延川程氏宗谱》记载:徽州程氏一世祖,为东晋大兴三年(320)假节(代理)新安郡太守、晋明帝"诏赐田宅于歙县篁墩"的程元谭。程元谭下传至三十世程浐,官南唐御前马步军都头,开始从篁墩徙居开化县蔗溪。程浐子程华,因教授常山县,遂自蔗溪

延村俯瞰

迁常山沂渚。其后传至三十六世程震，南宋初为避乱，又自沂渚迁居到二十都岩前。再传至四十一世程德盛，官王府典膳，于元泰定年间（1324—1327）由常山县岩前卜居婺源延村，是为延村程氏之始迁祖。明正德年间（1506—1521），金姓从婺源沱川迁入，据婺源县思口镇文化站金继荣先生介绍，延村金氏是匈奴后裔，先祖可以追溯到汉代名臣金日磾，"这一支后裔经历了西安—南京—安徽—婺源沱川的迁徙路线，最后到了延村"。

延村位于江西省婺源县思口镇西南侧，皖浙赣三省交界，东邻浙江省开化县，南接江西省德兴市，西连江西省景德镇市，北界安徽省休宁县，西南与江西省乐平市毗邻。村庄距县治蚺城15公里，地处山谷间的平川地带，南北两面不远是山，自然植被以针阔混交林为主，东西两侧为稻田，四周都是绿地。村前（南）有条川流不息的思溪河，由西而东潺湲而流；村落北部，沿山边有公路穿过。

延村的村庄格局非常独特，拥有完整的风水系统，水口位于村落东北狮象山逼近的山谷中，狮象把门、九曲石栏、风水林、水碓、拦水坝、延村桥、万福门、观音庙、关帝庙、文昌阁、节孝坊、孝女坊构成水口建筑群，体现延村民众的聪慧与祈愿。

延村中心区域条状房屋群好像依偎在思溪河畔的竹排。在思溪河边曾有两棵硕大高耸的枫树，就好比撑竹排的船篙，寓意延村商家一帆风顺。

走进延村，沿着青石板路，可一览茗峰烟雨、碀口封云、石门印月、夹潭秋波、狮山松翠、古寺晚霞、坫山晴雪以及屏风春色等八景。沿思溪河水边上行，古时为青石板路，曲曲折折，并建有石栏，呈现九曲石栏。远远望去，延村马头墙户户相成，隔巷相对，错落有致。原有古村落家家门户之间相通，房屋前后左右连接，屋檐上下四处遮掩，房间之间有长廊相接，便于避雨和遮阳，雨雪天气从村头走到村尾，可穿堂入室而衣裳不湿。直到20世纪末，明训书屋3栋房屋还呈现此景，堪称延村古建筑一绝，充分体现了天人合一的和谐。

延村被誉为儒商第一村，既是"中国历史文化名村"，也是"中国传统村落"，曾荣获"首届中国旅游行业十大领袖品牌""中国最具吸引力的地方"等称号。同时，延村有"影视文化名村"美誉，《青花》《怎能失去你》《梦回青河》等30多部影视剧曾在村中拍摄。

延村"笃经堂"

延村"七家巷"南端东侧有一座三连栋的清代康熙年间民居，面积达3086平方米。这座连幢古屋叫"笃经堂"。"笃"谓忠实，一心一意：笃学、笃信、笃志、笃厚。《礼记·中庸》就有"慎思之，明辨之，笃行之"。"笃经"则具有"笃志学习，孜孜不倦"之意。

延村大木商金大斯有3个儿子，毗邻建一排3幢房屋，按长序分给3个儿子，小房在外，二房居中，大房藏内，而房屋亦由外至内，层层拔高，充分体现传统长幼有序的社会礼制。《礼记》中说："礼者，天地之序也；和，故百物皆化；序，故群物皆别。"朱子说："礼，谓制度品节也。"礼仪的属性正是法规秩序。3幢房屋均为砖雕石库门，厅内木雕非常精致。房屋由一条长院过道贯通，俗称"门串"，长院过道靠围墙一侧摆有石鼓、石桌、石凳、石缸、长石花台、石柱等，精美石雕俨然成为"笃经堂"一大特色。步入堂门，两厢房窗束腰镶有"琴棋书画""笔墨纸砚"以及"松鼠吃南瓜""松鼠吃葡萄""麒麟送财"等木雕。厨房有用石栏与青石板围成供洗涤及弃污水的石池，非常讲究，池下养龟鳖，一来可以疏通下水道，二来可以吃虫子。

"笃经堂"毗邻两屋过道处建有"门圈"，靠墙设置窄窄的板凳。这窄窄的板凳有两种说法，一说是外客要见金大斯，须经三兄弟逐级禀报，客人只好坐在这窄板凳上等候，俗语"坐冷板凳"由此而来。另一说是金大斯之所以将所建民居取名"笃经堂"，就包含着"笃守诚信"寓意，希望家业传承。

延村的奇山秀水和田园风光犹如一幅天然山水画，漫步延村，随处可见的奇桥怪洞、古树古井无不让人称奇，洋溢着光彩照人的历史文化。今天的延村依然保留着古村所特有的天然雕饰般纯朴、自然之美感，这里青山碧水，旖旎迷人，站在山中举目远眺，四周尽是青山环抱，让人心旷神怡，宠辱皆忘，延村不仅是村民心中的故乡，而且吸引了海内外游客来到这块"世外桃源"沁心润肺。

怀玉南麓

横峰县
葛源镇

　　葛源之名的由来与这里漫山遍野生长着野葛有关，此地被誉为"葛之源头"，故得名"葛源"。

　　葛是葛源的绿色主导产业，早在隋末唐初，葛源人就有加工葛粉的历史，明清时期，葛源葛粉被作为贡品供奉朝廷。此外，葛源人还研制开发出了葛粉、葛片、葛茶、葛露等系列产品大量投放市场，深受各地消费者喜爱，葛源因此被誉为"中国葛乡"。

葛源镇俯瞰

葛源既是横峰县最大的镇,民间素有"小小横峰县,大大葛源街"之说,又是横峰县历史最悠久的商业市镇。

隋末唐初,苏、冯二姓定居在溪水源头,唐代会昌年间(841-846),玉山县大横塘郑姓迁入,后又有蔡、叶、骆、金、周、刘、杨、王、程、汪等姓相继迁入。葛源镇现有清代与民国时期古建筑共计184栋,保存了大量传统民居、桥梁、牌坊、戏台、神祠、祠堂等。"杉山第"是葛源比较有代表性的古建筑,位于枫林村,为当地周氏住宅,土名"石大门",因周氏先祖曾在弋阳"杉山"居留创业而得名"杉山第"。前院门为八字形砖墙,顶作五岳朝天(山花式),脊部3—4层砖石叠涩出际复瓦,脊端微翘,青石门框,体现了赣东北一带最典型的建筑风格。

葛源是近代革命史上著名的闽浙赣苏区"红色省会",是第二次国内革命战争时期方志敏、邵式平、黄道等老一辈无产阶级革命家创建的闽浙赣革命根据地首府。作为赣东北革命根据地的政治、军事、经济、文化中心,葛源为近代中国革命写下了光辉一页。葛源镇的闽浙赣革命根据地被列入"全国重点文物保护单位",同时,葛源镇是"江西省历史文化名镇"和"中国历史文化名镇"。

葛源位于江西省上饶市横峰县的北部怀玉山南麓,与弋阳、德兴、上饶三县交界,距横峰县城35公里,东与上饶县交界,西与弋阳县接壤,北与德兴市相邻。全镇面积115平方公里,人口3.1万。

葛源是一个典型的山区大盆地,方圆20多里,山清水秀,气候怡人。盆地中心葛溪蜿蜒而过,两岸人烟密集,周围则有枫树坞、黄山、考坑、清湖等数十个大小村庄依山而立。

红色省会

大革命失败后,方志敏、邵式平、黄道等从外地秘密潜回家乡赣东北,高举党的土地革命旗帜,"重起炉灶,再来干"!他们恢复与重建农村党组织,同时组建农民革命团。从1927年10月底至1928年2月,在地方党组织的直接领导下,农民革命团相继爆发了弋阳九区暴动、横峰年关暴动和窖头会议之后的弋(阳)

葛源镇司令台

横（峰）农民革命团联合大暴动，并在两县创建了红色政权和工农革命武装，初创了以磨盘山为中心的革命根据地。此后，革命根据地度过艰难的弋（阳）横（峰）初创期，进入信江"割据"期的斗争历程，并逐渐曲折地发展过渡到赣东北时期——赣东北特区、赣东北省两个阶段，赣东北苏区改称闽浙赣之后，一度进入鼎盛时期。

葛源作为赣东北革命根据地首府时间长达 4 年，在此期间，以方志敏同志为首的赣东北革命领导群体，艰苦创业，创设了许多革命机构，这些机构现在都已成为闽浙赣革命根据地旧址建筑群的一部分。

中共闽浙赣省委机关旧址：1932 年 11 月经党中央批准，将赣东北省易名为闽浙赣省，机关迁至枫林村。内部建有组织部、宣传部、白区工作部、妇女部、常委会议室、中央代表室、方志敏同志办公室、秘书处、总机室、事务室、收发室。1996 年 12 月经国务院批准为第四批全国重点文物保护单位。

闽浙赣省苏维埃政府旧址：位于枫林村，原是当地四大望族之一周氏的私人住宅。1931 年 11 月，赣东北特区苏维埃政府改建为赣东北省苏维埃政府，1932 年 12 月，赣东北省苏维埃政府易名为闽浙赣省苏维埃政府，方志敏任主席。

闽浙赣省军区司令部旧址：1932 年 11 月中共闽浙赣省委成立，将赣东北省革命军事委员会改为闽浙赣省军区总指挥部，习惯上称省军区司令部，为闽浙赣省苏维埃政府直接领导军事斗争的机构。内设政治部、政委室、司令员室、军长室、传达室、办公室等。"闽浙赣省'四部一会'旧址"，原为枫林村汪氏宗祠。"四部一会"为内务部、土地部、劳动部、工农检查部、妇女生活改善委员会。

闽浙赣省红军操场和司令台旧址：位于枫林村，建于 1933 年初。红军操场是红军操练和苏区军民群众集会的地方，每逢节日和红军凯旋归来，均在此召开庆祝大会、文艺演出，体育运动会也在此举行。1934 年 10 月 24 日，方志敏同志站在司令台上，最后一次向群众告别，率师北上抗日。

闽浙赣省红军烈士纪念亭旧址：位于枫林村来龙山，1933 年初闽浙赣省苏维埃政府为纪念在革命斗争中牺牲的烈士而建，内竖 6 块碑石，正面镌刻着为革命捐躯的烈士名单，1934 年 10 月葛源失陷时被毁，中华人民共和国成立后找到失落的石碑后重建。

葛源地处山区盆地，山好水好空气好，具有良好的生态环境优势，2012 年 7 月，葛源镇被评为"江西省省级生态乡镇"。近年来，葛源镇充分利用山区经济的生态优势，大力发展传统葛业生产，特别是葛业产品的深加工产业。目前，葛源镇葛根的种植面积已达 2 万余亩，并研制开发出了被称为"葛源三宝"的野葛粉、葛花茶、野葛片。此外，还研制开发出了"葛佬"等系列葛饮料产品大量投放市场。同时，葛源镇正积极打造生态、美味、健康的"全葛宴"。"中国要美，农村必须美"，葛源在新农村建设过程中，尽量保持山清水秀、人与自然和谐的面貌，一个个环境优美、道路整洁，人民安居乐业的，物质文明与精神文明交相辉映的美丽乡村不断呈现在村民面前。重视传统历史文化，发扬近代革命精神，紧跟时代前进步伐，千年古镇葛源迸发出新的无穷活力，成为乡人魂牵梦绕的记忆故园，成为游人流连忘返的美丽乡村。

背倚秀山

安义县

罗田村

罗田村名的由来，据安义县《黄氏宗谱》记载，唐僖宗广明元年（880），蕲州罗田县人黄克昌为躲避战乱，只身逃难到安义石鼻，被当地何员外收留，遂成为罗田村黄氏开基祖，至今已有1100多年历史，为使子孙不忘祖籍，黄克昌将这里定名为"罗田"。

《黄氏宗谱》记载："光远公，系湖广罗田人也。唐广明年间，避兵乱迁卜兹地，里名罗田，不忘所自带耳。"数十年后，黄克昌勤俭持家，开垦出了大片良田，建起了房舍，把这里变成了一个人烟兴旺的村庄。

宋代，罗田村不仅人丁兴旺，而且家与家之间，房与房之间出现了物资交换和货币流通。罗田人富有开拓意识，生意越做越大，他们的经商范围到了长埠、龙津、万埠和吴城。

罗田村俯瞰

罗田商人在外面有一间间金字商号，在村里有一片片深宅大院，可谓家财万贯，富甲一方，罗田街也成了方圆数十里的商贸中心，南来北往的客商应接不暇，"小小安义县，大大罗田黄"也因此传诵开来。

罗田村古迹众多，牌坊、老街、宗祠、古民居风韵依旧，雕刻、建筑融风土乡情和艺术魅力于一体，堪称古代赣文化和赣商文化结合的完美典范。罗田村荣誉众多，如"中国历史文化名村""国家农业旅游示范点""江西省乡村旅游示范点""江西省爱国主义教育基地""江西十大乡村美景""南昌城市名片""南昌新豫章十景""南昌市最具开发潜力的乡村游景区（点）"等。

罗田村位于江西省南昌市安义县石鼻镇，北通京津，南达两广。村庄依山傍水，村民依据自然环境和地理条件，在营建村落上既考虑生产、生活上的便利，又突出精神上的需要，如房屋、农田、水口、池塘、广场的布局，格外注重风水、地势和天时，甚至连树木的选择、建筑的朝向都考虑周全，力求"天人合一"，与自然融为一体。罗田村与水南村、京台村相距仅 500 米左右，呈品字分布，虽各自独立，但遥相呼应，鸡犬相闻。三村之间由人称"福禄寿三星道"的长寿大道、祈福大道和丰禄大道 3 条麻石古道相互连接。

明朝，赣商形成并迅速发展，罗田村借助优越的交通区位，商业逐渐繁荣。一条用麻石条铺就的罗田古道，穿街过巷，越野跨溪，它东通西山万寿宫、洪州、进贤及至苏、杭、粤、闽，西接奉新、靖安、武宁、修水乃至湖广、四川，北连永修、星子、九江、湖口，是古洪州和西北各地的交通要道，也是西、北各地香客到万寿宫进香的主要通道。各地游人、商贾和香客不论上山下岭，都要通过罗田。罗田麻石古道成就了商业街当年的繁荣兴盛，街道两边店铺林立，货物齐全。有铁匠铺、锡匠铺、肉铺、碑石铺、金银铺、当铺，有油面店、绸缎店、杂货店、豆腐店、黄烟店、圆木店、理发店、棉絮店、药店，有磨坊、酒坊、油榨坊和香烛作坊。尤其是前街上段的绣楼，实际上是黄氏的刺绣作坊，常年有 20 多个绣女，她们绣品精细、鲜活，甚至可与苏绣、湘绣媲美。

罗田人不仅自己开店经商，而且敞开胸怀，吸引了许多外姓商人在这里开店，形成了"前街绸缎布匹，后街仓库栈房，街头油盐百货，街尾烟酒磨坊，横街茶座饭馆，街上粮油猪行"门类齐全的商业集散地，每逢集日或进香拜佛的日子，竖街上便摩肩接踵，万头攒动。货摊上香菇木耳、蔬菜果品、海参洋布、日用百货、懒蛇活麂、绿酒红茶……琳琅满目，应有尽有。

经商重义

黄秀文（1710—1782），又名秉童，别字趣园，黄克昌二十七世孙。黄秀文7岁丧父，14岁到永修县吴城镇伯父开的商行当学徒，20岁出头就当上了业务主管。后伯父年老多病，商行全权委托给他经营。由于黄秀文经营有方、善待客商、广结人缘，商行生意兴隆、获利颇丰，伯父给了他很高的报酬。有一次，他为一外地胡椒商妥善处理了一船积货，胡椒商十分感动，他因此获得了巨额回报，很快成为罗田首富。随后，他在罗田建了全村最大的房屋——"四十八个天井"。黄秀文有6个儿子，分别获得举人、贡生、明经、监生的名号和儒林郎、文林郎、奉直大夫等官职。于是，他在"四十八个天井"的门头上立了一块匾额，镌字"世大夫第"。后来黄克昌在罗田还购置了许多田产，开了当铺，在农商两道均取得巨大成效。

黄秀文虽富甲一方，且有多名子孙为官，但他从不骄傲暴戾、以强凌弱，反倒能扶危济困，周恤乡邻。所以在罗田和吴城均有极佳的口碑，罗田人至今还引以为荣。

地处赣鄱平原，历经千载演变，罗田村融于自然的山村环境，独特别致的村落布局，体系完整的里甲制度，家族聚居的宗法治理，典雅古老的建筑群落，完善实用的排水系统，精美绝伦的建筑装饰，文情脉脉的匾额楹联，古朴纯真的民俗风情、多姿多彩的乡土文化……无不构成了人与自然高度和谐、自然美与艺术美相结合相融洽的环境空间。

奇秀盘互

高安市
贾家村

　　贾家村又称"畲山贾家"，畲山是贾家村北的靠山，俗名静水岭、来龙山。自古以来被贾家人视为龙脉所在，从来不准族人在此开挖煤炭或砍伐树木，违者逐出本族并报官治罪。同治《高安县志》记载："畲山，治南四十里，俗名静水岭，由钧山横亘而来，至此陡峙三峰，奇秀盘互，冈峦参差。"又据《畲山贾氏十修族谱》载："三台山，即静水岭，俗名后龙山，系合族众业，为阳基，紫脉所关。"畲山得名可能与畲族人曾在此生活有关，贾氏迁居畲山前就有蓝、雷等畲族姓氏在此居住。

贾家村俯瞰

贾家村始建于明洪武年间（1368—1398），迄今已有600多年历史。据族谱记载，高安贾氏先祖贾建深是汴梁（今河南开封）人，生于唐光化元年（898），官至河南江北等处行中书省、参知政事。贾建深生三子，长子贾俊、次子贾杰、幼子贾仁，贾仁又生三子，长子贾湖、次子贾海、幼子贾川。其中，贾湖生于后晋开运三年（946），北宋开宝元年（968）进士，授资德郎，出任河东路平阳府判官。后来，南平王镇守江西，调贾湖出任筠州（今高安）刺史。贾湖有三子，长子九四定居筠州高明门外斛里（今高安坪湖），次子九五迁居安徽安庆，幼子九六回归祖籍河南汴梁。贾湖70岁告老致仕后，与长子九四一起在高安生活，成为高安贾氏始祖。

贾家村占地面积约300亩，是典型的赣中古村落，保留着一大批明清古建筑，现有民居500余幢，其中122幢为明、清、民国建筑，现存古建筑总面积达22000㎡，保存完整且景观连续的历史街巷有17条。因此，贾家村闻名遐迩，荣获"中国历史文化名村""全国民主法治示范村""全国敬老模范村居社区""江西省历史文化名村""国家特色景观旅游名村""全国生态文化村"等称号。

贾家村位于江西省高安市新街镇，距南昌80公里，区位优势突出，传统时代贾家村是由赣西东入省会南昌的咽喉要地。今天贾家村经由省道清高公路可直达高安、樟树等地，赣粤高速公路从村东外围穿过，建张铁路途经村北三台山下。

贾家村自然环境优美，地处丘陵山地环抱，村北有郁郁葱葱的钧山、三台山，村南可遥望突兀如屏的阁皂山，村东有碧波如镜的庐泉湖，村西有潺潺流淌的赤溪河。贾家风水极佳，据《畲山贾氏十修族谱》记载，明洪武年间，开基始祖贾湖"善郭璞青囊术"，他见此地形似"金盆坠地"，"山水佳胜，川原平旷，真钟毓之区"。

为贾重德

为贾之智。贾氏商人为贾发家，必然"以聪明才艺之资，玩志于市尘辐之地"。清朝贾绳年轻志远，经商之初奔波于虞州、浔阳等地，后在虞州立足开店，经营鱼盐、兼做花布和竹木生意。在不同行业做到"推算居奇""握权衡而悉洽"，可谓有经商之智。同时代的贾让行也是商场奇谋之才，他为商经豫章、历鄱湖、抵浮梁、闯江浙，他关注大笔的买卖，后成为财通两浙的富商。清咸丰年间贾庆堂从事花布贸易，每年"出江买花兑布，上赣出售"，被同行推为"志成商者"。

为贾之仁。富而不仁者，古来不乏其人。贾氏从商发迹者，多是因仁致富或是富而为仁。在畲山贾氏十修族谱中，仗义疏财造福乡梓的故事比比皆是。贾艺圃因贫困弃学从商，发迹后"以为富贵非专自厚也"，又"生平无他嗜好，独一切利人之事，辄孜孜为之"。灾荒年岁，艺圃必倾仓接济穷苦，族乡中被其救活之人众多。贾让斋也颇具仁心，"积而能散，罔计铢，善莫不为，常宏施济"。贾义林也有慈善之心，"内外种种公益事项，更竭力提倡维持，而森林、水产、制作、生殖之道，莫不悉心穷究"。贾正裕虽"足称富有，田园广置"，缺"衣食俭啬""救困扶危，毫不吝惜"。清光绪年间，高安一带发生水灾，正裕于上湖圩"散粥捐钱助赈"，后他在赤岸义渡中也出资接济，仁商仁德。

为贾之义。为贾之义是指贾氏祖上从商者心存正义之气。古代对贾氏商人的时评如是说："言必忠信，行不笃敬，三湘七泽之间，黔楚通商之地，无不丰采而声称也。"贾海林为贾氏儒商代表之一，经商成功之后仍保持读书人的儒雅风度，讲求信义，在湘10余年同行无不敬佩于他。贾拱辰开始在汉经商，以诚信为本，童叟无欺，当地人对他的为商义气甚是看重。贾信孚弃笔从商奉养双亲，经商10余年，一诺千金，在江苏、浙江一带颇受人敬重。贾作轩与人相交，和厚溢于眉宇，他信奉"宁人亏我，勿我亏人"。

为贾之德。贾氏商人不仅恪守商业道德，更在长期的从商过程中行事光明磊落。贾万青帮助不幸去世的姐夫照料生意，顾其孤儿寡母，10余年生意做得甚是成功，后来又婉拒了外甥的馈赠，"长于心计，废举辄奇赢，而未尝滥有所取"。

贾氏经商过程中注重家族团结，共同富贵。家族经商过程中奉行"富贵非专自厚也"的理念，"凡同族中有孤弱不能成立者，扶之成立，贫劳不能赡给者，予之赡给，远游不能归者，助之资斧"，同时，贾氏族人还授之以渔，贾文轩"能识英才于贫乏，遇族人有智略善理财者，公与之资，谊联管鲍，均克展抱负"。

历史文化名村贾家，环境优美，人文厚重，人才辈出，商贸繁荣。近年来，

贾家村祠堂

古村经济繁荣、社会昌明，文化保护有声有色，旅游事业稳步发展，贾家村成为赣中大地上一颗闪亮的"明珠"。在发展的同时，贾家村人十分重视对村落环境的保护和营造。村庄周边不仅山环水绕，树木生长繁茂，而且村前阡陌纵横，沃野千畴。宜人的自然地理环境，不仅有效满足人们的生产生活需求，而且使贾家村呈现出一个世外桃源般的审美空间。整个村落与优美的自然环境融为一体，表现出共生、共存、共荣的和谐关系，展现出人与自然生态环境之间的良性循环。良好的自然环境为传统村落的耕读生活创造良好的条件，促进了贾氏家族数百年来的繁荣发展。

金峰灵气

抚州市东乡区浯溪村

江西省抚州市东乡区黎圩镇东部有一个山环水绕，景色优美的村庄，村前一条20多米宽的水龙港清澈透底，溪水潺潺，金峰古木参天，松涛阵阵。村后后龙山修竹林茂，青苍翠绿。因风光秀丽，有山有水，此地得名"浯溪"。

浯溪为王安石之弟王安国后裔聚居地，村庄始祖志先公，字子春，系王安国四世孙，南宋庆元元年（1195），自临川上池瑶田徙居于此，迄今800多年。明正德七年（1511），东乡建县之前，浯溪属抚州府临川县管辖，解放初期划为上饶地区东乡县管辖，1968年又划归抚州地区东乡县管辖。浯溪因环境优美，历史

浯溪村俯瞰

厚重，人才辈出，古建筑保存完好而入选"江西省历史文化名村"。

悟溪村坐落在江西省东乡区南部，黎圩镇中东部，距区政府28.5公里，距镇政府所在地1.5公里，距王安石故里上池村5公里。村庄坐东朝西，南北排列，错落有致，南北长450米，东西宽310米，全村总面积1.4平方公里，耕地面积698亩，现有村民96户，365人。

俯瞰村庄，峰峦连绵，茂林密布。千年古镇黎圩镇位于主峰南麓，纳金峰之灵气，聚万物之精华，钟灵毓秀，文化底蕴深厚。悟溪村处在金峰怀抱中，主峰高498.8米，为东乡区第一高峰，雄伟壮观，景致秀美。

村庄背靠后龙山，西朝田野，一条清澈的水龙港从村前流过。距悟溪村2公里处有天然的石笋、石锅、石灶、石轿、石棺木、石洞、瀑布等奇山秀水。

悟溪保存有明清古建筑14903平方米，诸如官吏府、儒林第、商贾住宅，贞节牌坊、状元路、宗祠牌楼、民居及巷道等。村中古街上排水系统，构思精巧，设计合理，即使山洪暴发，排水沟也畅通无阻，全村安然无恙。

进入古村，有一条由麻条石板铺就的宽0.9米，长450米小道贯通全村，这便是远近闻名的"状元路"。"状元路"是当地学子、官员当年敬慕明朝天启状元王廷垣还乡所建，当年这条道只供状元行走，其他官员、庶民都只能顺着路的两侧经过。王廷垣家族人才辈出，一门出了5个进士——王汝为、王常、王统、王显、王廷垣，举人数十人，王氏家族可谓荣极一时。

廷垣中举

王廷垣小时候非常顽皮，其貌不扬，10多岁仍未上学。本村有一财主建房时，王廷垣经常到工地玩耍，不时把白木匠的锯、刨、斧之类工具损坏，白木匠很是生气，想借财主上梁赶煞之机狠狠地捉弄一下这个"顽童"。一日，白木匠叫王廷垣早起，到村南门口吃糍粑，王廷垣天未亮就在村南门口守候，待赶煞的师傅赶完煞后，王廷垣连糍粑是什么样子都没看到，更别说吃糍粑了。王廷坦去找白木匠，白木匠对王廷垣说，我叫你在南门口等，你怎么跑到我这里来？王廷垣争辩，我在那里等了很久，没有一个人给我糍粑吃。白木匠又问他在南门口看到了什么？王廷垣答道，我站在南门中间，看见几个打花脸的人跑在我跟前，连声叫老爷，磕头求饶。白木匠闻后十分震惊，方知王廷垣有福星相照，但此事又不敢外传，之后便暗中资助王廷垣读书，并将小女儿许配给他。王廷垣在白木匠资助下，发奋攻读，金榜题名。王廷垣博取功名后，该村读书之风盛行，考取进士、举人20多人。

浯溪先贤给后世子孙留下了诸多宝贵财富，村中保存了数量众多的明清古建筑，今存有59幢大屋，总面积11666平方米，保存有较完整的贞孝牌坊、状元路、古桥、古巷道和数量较多的匾额及旗杆石等珍贵文物。如此悠久厚重的历史文化，使浯溪村享有"宰相之府、状元之地、诗人之裔"美誉。

今日浯溪百姓在传承先祖文脉的基础上，正经历着历史与现代、人文与自然的巨大变迁，村中百姓以保卫他们生命、敬畏他们先祖的精神在保护着古村，和留在他们心中的乡愁一起阔步前行。

依山面畈

金溪县
竹桥村

竹桥为余姓聚居村落，据民国三十七年（1948）《竹桥余氏族谱总序》记载：五代后周显德五年（958），余褐第三子、曾任昭武校尉的余克忠奉命镇守抚州上幕镇（即今金溪县），见该镇火源村（今陆坊乡石岗村委会上源余家村，距竹桥村五华里）山水秀丽，于是携家由蓝田迁居于此，余克忠便是金溪县余氏宗族的始迁祖。余克忠在火源传五代至积公，迁到上源村。元末明初，余克忠十三世孙余文隆再由上源迁至月塘即今竹桥村，成为竹桥村开基祖。600余年来，竹桥余氏族群生息繁衍，至今已衍37代，雍雍穆穆，济济一堂，人文蔚起，成为当地一大著姓族群。

竹桥村位于江西省金溪县北部双塘镇境内，距县城10公里，村落层楼叠榭、雕梁画栋。

竹桥村

村庄依山面畈，坐北朝南，四周良田千顷，村前一条溪流如带，自东向西流。俯瞰全村，犹如一柄巨扇铺展在青山绿水之间；走进村子，一股清新、古朴的气韵流淌于眼前。109幢保存完好的明清宅院建筑群静立其中，清一色的青砖灰瓦朴实素雅，向世人昭示着浓积其中的古老历史文化。

竹桥村是赣东民居缩影，其建筑及装饰风格集中体现了赣东古民居的基本特点。民居多为上下两堂，房屋门楣、屋檐、雨檐及屋内墙壁、门柱、窗棂、天花板等多有精细的雕绘装饰；四栋或三栋式样相同的房屋并排而立，中有耳门相通，不仅往来方便，而且雨天还防湿脚。

村中建有总、中、下3个门楼，是全村的进出要道，也是村民举办红白喜事仪式必经之路；3个门楼都面临水塘，通路从两侧而出，体现出防火、防盗的匠心。村后有3个山门直通后山，过去是专门为防范强盗、土匪而特意设立的退路。村内房屋幢幢相连，将村庄连接成为一个封闭的建筑群。

竹桥村呈扇形构造，其建筑布局与结构是构筑风水的典范。在前无大江大河拱卫、后无高山峻岭屏障的普通地势情形下，村民因地制宜，以人工造就景致，配合地势生出风韵，化平凡为神奇，体现了风水学说中的"触物兴怀，不无所取"内涵。作为进出村落通道的总门楼依山脉走向而建，以束全村之气韵，据说这是由著名堪舆家廖瑀后人所择定。总门楼前还建有一口井，名"剑井"，寓意在与侵入的外敌战斗完成后，用水洗刷污垢，邪气不会进村。村内有石块砌成的水塘八方，中间为一月塘，寄意为七星伴月之象。

竹桥村前有古井三口，呈"品"字形排列，包含着品秩、品德、品味之意，寓含着竹桥先民在为人、为学和为商方面的追求与寄托：希望村民及其子孙后代人人入"品"，个个为官；在日常生活中则要有品有德、文明厚道、高雅贤达，造福于本族、本村。

另外，在中门楼前后鹅卵石铺成的地面中间，以青石板分别铺成一个大大的"本"字和"人"字，与当今"以人为本"不谋而合，包含着人的根源、本分和本领之意，寓含着竹桥先民对族中为官、经商、求学人员的要求与告诫，落叶要归根，人不可忘本。告诫族中走出的官员、名士无论职位多高、身处多远，都不要忘了自己的根源所在，都应不忘家乡、不忘祖先；告诫村民无论是留居当地还是外出谋生，都要本分守纪，无论是读书、经商或为官等都不能忘了做人的根本；告诫年轻人都要勤勉向上、扎实学习，学得一身好本领、好本事，为家族和村庄争光。这种奇特的"人本街道"景观，体现了中国文化在5000年的历史沉淀中形成"以人为本""以德为本""以忠孝为本"的文化特点。因此，竹桥获得"江西省历史文化名村"和"中国历史文化名村"等称号。

竹桥总门楼

据说，著名风水师廖瑀为了考证竹桥村一位老婆婆的德行曾来到这里。这位老婆婆是竹桥开基始祖余文隆遗孀，家境贫寒，但乐善好施，贤名远播。廖瑀不信，便装扮成一个又累又饿的过路人，前来文隆婆婆家借宿。

文隆婆婆热情地接待了他，见家里实在拿不出什么东西款待，便宰杀了唯一的一只老母鸡。先是煮了鸡头鸡脚安排客人的晚餐，而把鸡肉鸡腿留着，做熟了装进用竹筒做的、方便携带的"路菜筒"，准备让客人第二天带着上路，好在途中享用，自己不曾食一块。

廖瑀并不知情，明明看到老婆婆宰杀了母鸡，自己却只吃到鸡头鸡脚，心里很不痛快，心想传言虚假，这老妇人分明便是假仁假义之人。第二天早晨，他毫不客气地收下了文隆婆婆的"路菜筒"，也不细看就上路。行至村外黄婆岗，他打开"路菜筒"，发现里面尽是鸡肉鸡腿，刹那间明白自己看错了人，非常自责，立马转身回村，向文隆婆婆道歉，并提出要帮她看看风水，保佑好人世世代代兴隆发达。

文隆婆婆不以为意，真诚地回谢说："先生不知，我们竹桥人是真心待客的，经商也好、作田也好、读书也好，都讲究做人的品行。做人要本分，不亏心，并不图什么回报。先生的好意心领了，不用多费心，还是快赶路吧。"

廖瑀闻听此言，更是感动，便在村里村外溜达了一遍，仔细观察了这里的山川形势，然后拿了一把太师椅放在村口，交待文隆婆婆说："婆婆，你去对村民讲，

竹桥村总门楼

就在这个地方，按照这把椅子对着的方向，建个全村总门楼，包你竹桥村以后成千户之地，代代出贵人。"

廖瑀走后，文隆婆婆请来村里的几位老长者商议此事，决定集资建造总门楼。但是不巧的是，由于没有派人看守椅子，就在文隆婆婆与村里老者们商议之时，村里一头水牛经过村口并触到了椅子，移动了椅子的方向。门楼建成后，廖瑀特意赶来祝贺，一看门楼的方位和自己原来定的方向有些差异，追问之下，才知道被水牛挨动变了方向。当村人问询是否可以重建时，廖瑀说道："这也许是天意吧，竹桥就这个福分，大官出不了，小官代代有，人上千丁不会少。"因此，"发千户"（即一千户）之地变成了现在"发千丁"（即一千人）之村了。

走进竹桥村，我们可以看到村民至今大多仍住在祖辈留下的老屋中，新住宅不到30栋。俗话说"屋要人住"，这也是竹桥明清建筑能保存完好的重要原因。古屋中的木雕石刻，在动乱年代，村民大多用泥糊纸盖保护起来，使之能保留至今，给后人留下了一笔宝贵的文化遗产。

数百年来，竹桥人一直在传诵着村庄创建的历史传说，而传说的背后既是一部深刻的家族历史，更是竹桥世代兴旺的重要因素。竹桥的创建从风水大师廖瑀看地定向开始，到门楼破土动工，历经了整整一个蒙古族统治中原的元代。按门楼内所嵌碑刻记载，门楼始建于明代初年，清咸丰七年（1857），太平天国军队路经此地，门楼曾被一把火焚毁，今天看到的总门楼，是族人集资照原貌重建，距今已有100多年。在漫长的岁月中，没有任何文字记载门楼迟迟未建造的原因。如果从竹桥村建村的历史推测，竹桥村始建于元末明初，也根本不可能有南宋廖瑀看地定向的事发生。然而，纯朴的村民相信这个传说，并且一说就是几百年。这个流传至今的传说，给竹桥人定下了一个做人的道德准则，始终做到"讲究品德""以品德作为为人的第一要务"，时刻教育警醒竹桥后代子孙。

七峰帘幕

分宜县
介桥村

　　介桥又名"介溪"，素有"屋后七峰袁岭秀，门前一水介溪清"的美誉，"七峰"是指袁岭7个山头，从正面看7座山峰错落有致，美不胜收，介溪是村北一支溪水，明代严嵩即以"介溪"为号。今日所称"介桥"最早见于五代时期毛文锡所撰《茶谱》，谓"袁州介桥，其名甚著，不若湖州之研膏、紫笋，烹之有绿脚下"。

　　北宋元祐年间（1086—1094），介桥严氏先祖严恒于从福建邵武来到江西袁州任通判。其孙严季津（介桥严氏始祖一世）定居袁岭北麓的"打铁坑"，四世

介桥村远眺

孙严大华迁至介桥西面坑头，六世孙严洪伯定居今址，八世孙严决英从"坑头"东移100米，到毓庆堂所在地建屋居住，九世孙严仲恭（明洪武年间）再在该处建祠，名"毓庆堂"。上屋仲温、仲良和细下屋仲俭并列建祠，分别命名为"继序堂"和"迎禧堂"，支起介桥三屋七大房的基本框架。严氏后裔自此以"毓庆堂"为中心逐步向东南区扩展建屋，清嘉庆十九年（1814）严氏二房在本村东头建"飨褒堂"等。

介桥历史悠久，声名远扬，为严嵩故里，因严嵩与其曾孙严云从都贵为一品，隆及亲人，使介桥有8人获得一品官职和朝廷诰封，素有"方伯世家""八世一品"等美称，介桥因此被评入"江西省历史文化名村"和"中国传统村落"。

介桥位于江西省分宜县分宜镇，北距县城2公里，南临仙女湖风景名胜区、钤阳湖景区2公里，地理位置优越。自古即为交通要道，村庄由南至北是一条官道，从大门前往北，经藤树下石拱桥，可到达凤阳、杨桥、上高等；自大门前至仓屋下往南，经百岁坊、十里店，可达吉安。由东往西是一条大路，从仓屋下往东，

经江背石拱桥，可至收村、万溪等；从仓屋下往东南，经种德桥，可到界首、新余；自仓屋下至社官树下往西，经逗奇园，可到水东、彬江、宜春等。村庄面积约 1 平方公里，人口约 3000 人，95% 以上为严姓。

介桥依山傍水，风景优美，一派田园风光。袁岭头峰北麓余脉往东渐次逶迤，形成多个山坳。袁岭山脉骑龙分水的北侧雨水汇入山坳形成溪流、泉水。石门庵溪流北下，灌溉下庵周边的农田；石印阡溪流灌溉花榭里、逗奇园及以下的耕地；莲花塘溪流灌溉长木港及村南的大部分田土；流瀑坑小溪灌溉当门墚及狗莱山北侧的田土；榨下冲仔里灌溉以下近百亩田地；茶亭上冲仔里灌溉牛形里附近的耕地；义坊下小流至蛤蟆塘，灌溉万年港及古岭下田土。

村庄聚落规模宏大，整个村庄呈撒网形，古建筑全部位于村东侧，新建建筑主要集中在村西侧，以龙脉为主线，西为网兜，网由北往东向南撒开，分东、南、西、北坐向。

名宦严嵩

严嵩，字惟中，号介溪，生于明成化十六年（1480），他 5 岁入家塾，颖异绝伦，乡人都称他为神童。8 岁时，文章已经写得超群拔类。后被召补为博士弟子。弘治十八年（1505）中进士，殿试及第二甲二名，主考官杨廷和、张元桢赠其"进士"匾。正德二年（1507）授翰林院编修。次年，因祖父及母亲相继去世，回家服丧守孝 8 年。守孝期间，继续苦读，刻意祷文，仅祷作即有 700 余首，同时应袁州太守之请，修撰《袁州府志》。

正德十一年（1516），严嵩 37 岁，重返朝廷，复任翰林院编修。次年，受命讲学于内馆。正德十三年（1518），为副使随同正使册封宗藩。正德十四年（1519），宁王朱宸濠叛乱，严嵩应王阳明之邀参赞军事，取得军功。

嘉靖元年（1522），严嵩往南京任职，为翰林院侍读，掌院事。他在南京 8 年，曾先后任国子监祭酒、礼部右侍郎、左侍郎、吏部左侍郎、礼部尚书、吏部尚书等职。

嘉靖十五年（1536），严嵩以贺万寿节至京师，主持编修《宋史》，正值夏

介桥村"介溪"

言入阁预机务，严嵩接任礼部尚书。嘉靖二十一年（1542），世宗建坛设醮，严嵩入阁。前后居次辅6年，任首辅15年。任职时间之长，为明代所不多见。

嘉靖四十一年（1562），诏令严嵩致仕，子世蕃下狱。嘉靖四十四年（1565），严嵩被贬官籍，儿子世蕃处斩，家产亦被抄没。嘉靖四十五年（1566）病死，终年87岁。严嵩生平著述甚丰，主要著作有《钤山堂集》《钤山诗选》《直庐稿》《直庐续稿》《南宫奏议》《历官表奏》《嘉靖奏对录》《南还稿》《振秀集》《山堂诗抄》《留院逸稿》等数十种。

昔日介桥，有精美的古建筑和优美的自然风光，官宦文化、古樟文化、祠匾文化和楹联文化尤具特色。明清时期，介桥村科甲突出，考中7个进士，以致有"一房三进士""同门一科三举人"的逸文趣事；介桥古樟以其树龄之长、树形之美和文化积淀之深远近闻名；介桥祠匾文化十分繁盛，祠堂多达25个，已载匾额达74块，绝无仅有；楹联文化极为浓厚，与祠匾文化交相辉映。

今日介桥，不仅受到政府及社会各界的关注，介桥百姓也正在积极传承保护古村美丽自然环境和古代建筑，欢迎着八方游客到此访古探幽。

山间盆地

峡江县
湖洲村

　　湖洲村的由来有一段山与水的历史，据《湖洲花门楼习氏族谱》记载，北宋庆历五年（1045），湖洲习氏始祖习有毅看到此地地势开阔，群山连绵，龙古山、滁山、老虎山、古山相连，横亘东北、东南，峦头圆秀充实，峰脉贯气，地脉旺盛，溪水萦绕，山谷各溪汇流沂江，自东向西奔腾不绝，遂开基建村。湖洲建村之前原是一片荒滩沙洲，沂江涨水时茫茫一片，故名"湖洲"。

　　自宋以来，湖洲村一直是习氏聚居地。湖州始祖习有毅（991—1055）卸任吉州知州任后顺赣江而下，逆沂江而上在古石阳县旧址（湖洲）置田拓荒，修路架桥，兴学育后，立祠建庙。他生有三子，长子习俊，次子习僚，幼子习信，长孙仁德

湖洲村俯瞰

于元丰八年（1085）率族裔，倾其家资大造屋宇，创建花门楼。因为当时这幢楼高大宏伟，有"仙凡之奇"而远近闻名。久而久之，"花门楼"便成了湖洲习氏代称，凡从湖洲出去的习姓都称自己为"花门楼人"。

湖洲村位于江西省吉安市峡江县城附近，北部紧邻新干县，西邻馆头村，东、南与马埠镇交界。交通条件优越，一条285乡道与县城相连，距县城4公里。沂江自湖洲村南侧蜿蜒流过向西北汇入赣江，自湖洲村沿沂江而下可达水边镇城区，溯沂江而上可到马埠镇和桐林镇。村域总人口3514人，户数715户，习姓有630多户。

湖洲村位于山体环绕的河谷地带，狮子山、长龙山、远山和蜈蚣山环绕村庄形成一个约6平方公里的盆地。盆地内地势平缓，农田和水系阡陌纵横。由于四面环山，湖洲正好位于圆心之处，独居中央，其他小型自然村落规模过小，更加凸显出湖洲村的宏伟气势。

村庄布局符合"枕山、环水、面屏"的理想模式，突出反映了古村营建中的人文、生态内涵。沂江水从村前自东向西蜿蜒流过汇入赣江，在村前自然过渡，向南形成"眠弓"形态。由于群山环绕形成的圆形形态，加之沂江东西两水口、出入口位置相对狭窄，使湖洲所在的盆地整体呈封闭态势，东西两处开口紧锁，进、出

湖洲村习氏花门楼

湖洲村古戏台

村给人以豁然开朗的感觉。南部蜈蚣山形态柔和，呈向北弯曲状，将湖洲村环抱其中，宛如一弯明月，整体山水格局十分优美。

《湖洲花门楼习氏族谱》记载："湖洲基址呈龟形，中间高、周围低，村东、西两条溪水将村址同良田隔开，四座小桥就像龟脚，稳稳地趴在中间，沂江河水到达此地，不敢冒犯金龟，急转调头向西而去。"

湖洲村历史街巷尺度空间十分舒适宜人，不同于一般村落的自发形态，相对规整、严谨，体现了传统较大规模聚落建设的规制，蕴含深层次的宗族与礼法内涵。如村西侧花门楼继美堂区域，格局十分规整，巷道村路统一呈东西走向，互相平行，东西与村庄的大路相连，交通便捷。同时，在主要街巷之间，都有南北向的次巷相通，次巷最窄的仅宽1米，只能容一人通过，网格化的街巷布局对整个村落的通风采光都起到至关重要的作用，同时，利用窄街巷组织交通十分节约占地，有利于村庄大规模扩展。

湖洲村明清时期的建筑原为成组成群，时代更替，至今仍保存明清时期建筑50余处，而匾额楹联、石雕砖雕、漆绘彩画，仍然琳琅满目，比比皆是。优美的山水，厚重的人文，使湖洲村成为闻名遐迩的"中国历史文化名村"。

文献世家

千年以来，湖洲村留下不少文化瑰宝：有历修族谱序（共11修）；书院、楼堂、亭桥、图记类（《东园公集贤堂记》《显范公中和堂记》《临清公望云楼记》《临清公居安堂记》《异闻公余庆堂记》《才超公悦古堂记》《春亭公常春亭记》《春亭公继美堂记》《瑞明公长乐桥记》《纯斋公爱日楼记》《乐亭公中立堂记》《粹斋公重修华英书院记》《中宪大夫松林公丛桂堂记》《松崖公祥和堂记》《惠泉公义渡记》《捐钱买谷备籴序》《湖洲习氏里居图记》《申明家规二十则》《滁山寺田断归碑记》——讼案勒石存牍）；有传记寿序墓志类（不一一详列）；历代诗赋，如习汉翀"岚连野旷当晴映，月桂秋高引梦长。到此便应超世界，弹琴石洞晚风凉"；习从麟"闲携渔竹作生涯，冷看流泉万象该。自喜年来胸次远，百般劳碌等成灰"等。

簪缨继世

湖洲习氏自从习有毅肇基以来，一直非常重视文化教育，广建书院、家祠、重金聘请名师，极力培养族中子弟，形成了浓厚的尊师重教、诗礼传家的家风村风，涌现了一大批儒商、儒士和地方官员，可以说源远流长，代有名贤：习远择居古石阳县址；仁德（厚庵）顺时而动，拓展产业；习杰（邦英）大展宏图于中巷；习贤（育英）持守维新于月台；习教育绘制里居图，永奠湖洲；振翅攻读经史，功成名就……千年来人文蔚起，历代先贤踵继前美，一脉相承，激励着今天的湖洲人传承和重塑优秀乡贤文化。

湖洲村宗祠广场

　　湖洲因其特殊地理位置，集庐陵文化、豫章文化、临江文化于一体，是耕读文化、农商文化的融合，源远流长、博大精深。村庄有群山屏障险阻，沂江舟楫之利，物产丰饶，历经几十代人，建成一座山明水秀、阡陌纵横、物产丰饶、人烟阜盛，俊彦辈出，拥有 660 多户 2960 余人的"峡江第一村"。

　　走进湖洲，放眼所见墙角的石磨、堂内的石柱，都见证村庄千年的历史变迁。先民给后人留下了古屋、古樟、古桥，留下了文化、文脉、文韵。只有它们仍然生机盎然，承载历史，宛如一首岁月如梭的乡歌、一脉永恒不灭的村魂。天下习氏心中不忘的是花门楼。花门楼，普天之下何其多，唯独湖洲花门楼被村民誉为骄傲。湖洲村民以花门楼为村名，爱国爱家，隐隐之中，也许有种必然联系。

据《平阳鄢氏族谱序》记载，燕坊村为鄢姓开基，本以国（燕）为姓，后因功封鄢陵侯遂改姓鄢，燕、鄢同音，故燕坊村又称"鄢家坊"。

燕坊村始建于南宋时期，据光绪二十六年《重修中本堂族谱序》记载，村庄先祖为荣泰公，"荣泰公来自湖南循州龙潭九典巷，行至吉水之折桂东乡大北溪，见江山秀丽，水绕山环，是以居之"。荣泰祖生于唐天成元年（926），殁于宋大中祥符五年（1012），为吉水鄢姓开基祖。传至九世孙兴达，便迁至本县中鹄乡水西五十四都渡头村居住。荣泰公下十一世苍然公，本来居住在龙王庙后村，一次偶然顺流而下经过此地，发现这里依山傍水，风光秀丽，是一处风水宝地，"见同都鄢坊江水澄清，远山耸翠，知后必有昌大，吾门者爱卜居而迁于此，为鄢坊之基社"，遂举家迁来此地，以姓名村，叫作鄢家坊。鄢苍然生有两子，次子鄢茂德又生有三子，长子鄢焕武率领他的后代从鄢氏本支中独立出来，成为旁支，这就是燕坊鄢氏第二支的由来，光绪年间所修订《吉水县志》中将燕坊鄢氏分为"一本"和"中本"两支。

清代，燕坊人靠在家门口赣江淘金致富，然后用挖到的第一桶金，顺着赣江这条黄金水路闯荡江湖，远走湖广、四川等地，开设商行或钱庄。他们以仁义诚信之心，赚下千金万银。又用赚下的钱财以宗族为中心，在燕坊起屋造舍，建造

燕坊村俯瞰

了近 3 平方公里画舫一般的庄园。鄢姓族人在这里繁衍生息，后来陆续又有王、饶、江、肖、夏、黄氏等迁入同村居住，村子由此繁盛。1949 年，村名改为燕坊。村庄现有 150 余户，人口 700 余人。

燕坊地处江西省吉水县金滩镇赣江西岸，坐落于离赣江约 2 公里的台地上，距县城约 10 公里，与吉州接壤，直通赣粤高速公路。滔滔江水自南而北流经燕坊，向西北而去，形成环抱之势。

村庄背山面水，与赣江东岸的大东山遥相呼应。背靠后龙山，以抵挡冬季寒冷的西北来风；面朝赣江流水，迎接和煦的夏日凉风，享受舟楫、灌溉和养殖之便；村前开阔的原野，有朝阳之势，便于获得充足的日照；缓坡阶地，既可避免淹涝之灾，又可使村中居民获得良好的视野，周围的植树、涵养水源、保持水土、调节气候；村后约 1 公里长的樟树群，形成天然屏障，既能聚气，又能聚财，形成一个"山环水抱必有气"的极佳风水环境。燕坊保存完好的建筑有明清古宅 102 栋、牌坊 13 座和宗祠 6 座。如此佳境，加之保存完好的传统建筑，燕坊所获荣誉众多，既是"江西省历史文化名村"，又是"中国历史文化名村"，还被评为"全国农业旅游示范点"和"全国特色景观旅游名村"，近年来，还荣膺国家 4A 级旅游景区和"全国最美古村落"等殊荣。

燕坊巧对

解缙从小就经常去给姑母拜年。他从龙王庙过河，途径燕坊村，村里大部分人都知道他是神童，善于对句。有一次，鄢应皇的鼻祖鄢千秋先生在路上拦住解缙，请他进屋吃盘茶，地点就是现在的"沁春苑"。鄢千秋先生为求他赐句，抢先出一联求对，"春雨润物贵如油"，当时解缙还没有取号春雨，9 岁

燕坊村牌坊

　　的解缙不假思索，立即对曰："青阳绚彩宝似金。"千秋先生十分珍惜，马上重金求解缙书写此联。解缙拒收银两，慷慨挥毫泼墨，书法其联，千秋先生篆刻此联挂于厅中。后人鄢应皇在清乾隆年间造屋，竖牌坊"青阳绚彩"以纪念。

　　明朝探花刘应秋，那年殿试回来去阁上探亲，这一天来到燕坊村头，见一个牙仔捉鱼，就上前去看。见捉的全是黄鳝、泥鳅、鲶鱼。刘应秋不认识牙仔，牙仔却知道刘应秋独眼龙点探花之事，于是牙仔就说："你中了探花，我有一联乞对，对得上，请你吃饭喝酒，对不上，就不要当探花了。"刘应秋无法不同意。牙仔指了指鱼篓，说："鳝长、鳅短、鲶口阔，一篓无鳞。"刘应秋觉得此联奇特，正在思索，刚好这时一老者挑来两个筐，一筐是田螺、蚌壳，一筐是螃蟹。刘应秋触景生情，马上指着两个筐答："螺圆、蚌扁、蟹头方，两筐尽壳。"牙仔见探花对得天衣无缝，十分敬佩，招待刘应秋到家里做客。刘应秋见牙仔有才华，遂收他为弟子，经过认真课读，后来牙仔终于中了进士，这牙仔就是明朝进士鄢梯。

800多年来，燕坊人才辈出，官宦众多，涉足全国，有进士5人，有奉政、朝议及奉直大夫等官员15人，有知县同知9人，还有承德郎16人。800多年来，燕坊商贾出众，鄢氏经商足迹遍布广东、广西、云南、四川等地。众多官宦、商贾，使燕坊散发出深厚的文化底蕴。燕坊也因此受到名人青睐，留诗遗墨，杨万里垂钓，文天祥游杏园，解缙对过句，刘应秋收弟子，邹元标为"昌祥"号建造了江西大码头……

数百年来，燕坊人秉承着祖先遗训，敬畏自然，珍爱山水，敬仰文化，自觉地维护着燕坊原生态的自然环境，保护着他们的家园。踏过了青石板，建筑中点缀着沧桑的商贾文化；穿过了古巷道，空气中弥漫着源远的墨香；触摸了古雕刻，线条中流淌着极远极清的智慧……沉入燕坊，全身心体会到一种美，燕坊古韵之美……

醉人的燕坊，隐约流露出淡淡的神秘，好像一首悠悠的诗，又如一股汩汩的清泉，萦绕耳边，流入心中，暗香浮动，沁人心脾。

万樟拥簇

吉安市吉州区钓源村

钓源之名由来甚远，据村民介绍，古村内外环境浑然一体，宛如"世外桃源"，因此村民仿姜子牙垂钓典故，取名"钓源"。

钓源村始建于唐代末年，为著名政治家、文学家欧阳修宗裔聚居地。北宋年间，与欧阳修同宗的欧阳氏后裔在此肇基。故村人尊欧阳修为宗，村内建有文忠公祠，"文行忠信"牌匾至今高悬于祠堂中。

钓源村位于江西省吉安市吉州区兴桥镇吉福公路旁，离市区18公里，因地理位置优越，古代钓源被誉为"小南京"，而今日钓源因传统文化保存完好，收获了众多荣誉，如"江西省历史文化名村""中国历史文化名村""中国传统村落""全国生态文化村"等称号。全族欧阳氏350余户，1500多人；其中居村中210余户，1000多人，为第三十六至四十七世，分居渭溪、庄山两个自然村。

村庄依山就水，环境优美。千年垂柏矗立；堂前屋后，蕉翠欲滴，竹风如涛；村内池塘，星罗棋布，众星捧月，黛顶翘檐倒映水中；村外古樟成林，稻田、水塘、青山交映，林木扶疏，山禽唧唧，花红柳绿，蜂飞蝶舞，风景秀丽，空气清新如洗，沁人心脾。

钓源村俯瞰

钓源村由渭溪和庄山两个自然村组成，一条呈东西走向、上植1.8万余株古樟、形肖道家太极图中分线的"S"形山脉——长安岭，将渭溪和庄山分置于太极中分线的两区。拥有钓源村7成以上古建筑的庄山村，中有东高西低的10余口池塘一字相连，北有对门山横陈屏列，两山夹一水的庄山村，形成了传统八卦中的"离卦"。

村庄建筑东西南北向，布局呈八卦图形，宛如迷宫。青石板铺成的巷子前窄后宽，150余幢至今犹存的古建筑屋角皆为弧形，大门斜立，称为"歪门邪道"。依村有7口水塘，取"七星伴月"之意。古建筑内外亦有木雕、石雕、木刻、石刻、彩绘和镏金字画。如镏金图《访贤才于渭滨》和《求富亦求寿考》，人物笑容可掬，服饰鲜活，车銮华盖、滩石树木、山水云霓，都完整生动。陈列于各家的朱红色鎏金雕花架子大床，分别雕饰了麒麟送子、喜鹊登梅、八仙过海、竹节梅花图等。钓源150余栋明、清建筑，特色鲜明，堪称赣派民居的典型，显示着曾经的富足和辉煌。

钓源忠节

欧阳通，宋熙宁四年（1071）进士。后逢政局巨变，党争激烈。他不愿仕进，退居乡野，以赋诗传道为乐，培育后代，终使3个儿子中两个"举进士，有文学"，忠节第坊张扬了其父子功名。

欧阳重，字子重，明正德三年（1508）进士，任都察院右佥都御史、刑部主事。当时太监刘瑾独揽朝政，为非作歹，荒淫无道，

钓源村巷道

其兄病亡，百官吊唁，欧阳重抵制不往，遭陷害两度下狱。云南土司反叛，大臣力荐欧阳重出任云南巡抚、三边总都，统管西南边陲军政。他力破乱军，平息叛乱；又轻徭薄赋，安抚边民，有口皆碑，受嘉靖皇帝嘉奖，却遭云南总兵和镇守太监嫉恨，诬陷他与土司通好，买通奸相将他削职为民。欧阳重回家居住28 年，多次拒绝举荐入朝，时常接济贫民。他的功绩和节操记载在《明史》中。

欧阳衡，清乾隆年间出任宁国知府，刚直不阿，为民伸张正义。一豪绅强占贫民山地，告到府衙。他经调查属实，将山地判还贫民。豪绅打通关节免其官职，接任知府把山地又判还豪绅。欧阳衡回钓源筹集银子进京，复任后第一件事撤销前任裁决，把山地再判还给贫民。了却心愿后挂冠辞职，回村颐养天年。

历经千百年的沧桑变幻，钓源人从来没有动摇对幸福和谐生活的追求，始终在这块沃土上耕耘家园，传承良风美俗，创造未来。现在钓源村旧俗新风同存，村民的生活生产习俗有的在延传，有的开始恢复，有的在演变在发展。不变的是乡土风貌、家园气息、宗谊亲情。

同时，钓源村优美的自然生态，厚重的文化遗产，吸引了一批批国际友人、专家学者、海内外人士前来考察探古，旅游休闲，宣传推介。不少影视剧组，在此取景拍摄。在社会主义新农村建设中，钓源展现出古韵与新风、传统与现代和谐共存的新姿态。

龙岗苍苍

赣州市
赣县区
白鹭村

　　南宋年间，钟舆从兴国赶鸭子来到白鹭，晚上他入宿此地，梦见白鹭翱翔，
兴奋不已。第二天，他发现带来的 100 只鸭子在这里一天就产下 200 个鸭蛋，每
只鸭子产下两枚鸭蛋，更为神奇的是，他赶鸭子用的枯竹竿顺手插入地里，竹竿
竟然能够生意盎然，重发绿叶。于是，钟舆认为这是一块难得的风水宝地，遂在
此开基安家。因钟舆的白鹭之梦，村庄名为"白鹭"。

　　钟氏何时在白鹭开基建村？据《清光绪鹭溪七修族谱》记载，"始祖舆公由
竹坝迁鹭开基，至今八百余岁"，另据《清道光鹭溪六修宗谱序》记载，将舆公

白鹭村

在白鹭开基的时间定在南宋绍兴六年（1136），"始祖舆公自南宋绍兴六年由兴邑迁赣之白鹭里至今盖数百余年矣"。

白鹭是赣县最早的党组织建立地。1925年秋，共产党人朱曦东受党组织派遣，秘密回到家乡良口（今白鹭乡龙富宝石自然村）开展革命工作，同年冬成立的中共良口党小组是赣县最早的党组织。1927年2月初，谢学琅在白鹭发展了一批党员，成立了白鹭党支部和农民协会，这是赣县最早的党支部。1927年12月，顾光理在白鹭村开展秘密革命活动，并于"仙娘阁"成立了白鹭农民协会筹备处。1928年4月，万安暴动和大埠暴动失败后，朱曦东等人于白鹭仙鹅山仙鹅寺召开兴、赣、万边区活动分子会议，成立了中共兴—赣—万边区特别委员会。1930年2月26日工农红军第六军二纵队进驻白鹭开展地方工作。1930年3月1日，白鹭成立兴—赣—万边区政府，同年3月31日，中共白鹭区委和区苏维埃政府在白鹭村成立。从此，白鹭的工农革命运动如火如荼。

老一辈无产阶级革命家毛泽东、朱德、彭德怀、陈毅、何长工、罗炳辉、曾山、钟先灿（白鹭村人，曾任中央苏维埃粮食部部长、1935年3月时任于都县委书记，在于都畚岭与敌战斗中光荣牺牲）等都曾在白鹭留下他们的革命足迹。宏略堂曾是毛泽东在白鹭开会时的居住地，四逸堂曾是何长工的居住地，永兴堂则是钟先灿的故居。1931年8月底，红一方面军主力转移到田村、白鹭和兴国的茶园、均村一带隐蔽休整，李韶九在白鹭大搞肃反扩大化，错杀了一大批苏区干部和群众，史称"白鹭事件"。之后，白鹭村为苏区赣县六区所属地，是当时红军的主要活动地。1931年9月初毛泽东、朱德、彭德怀来到白鹭村，在福神庙主持召开了红一方面军军团长以上干部会议，史称"白鹭会议"，总结反"围剿"前几仗的经验教训，研究下一步反攻作战方案，部署了第三次反"围剿"斗争的总体策略，并最终以高兴战役的胜利粉碎了敌人的第三次"围剿"。福神庙则以第三次反"围剿"中毛泽东指挥部而永载中国革命史册。

1931年9月红军成立赣县红色医院，院址分别设在白鹭村的太守敬公祠和龙头村的易氏宗祠。红军医院在白鹭驻扎了两年，每天太守敬公祠名下子孙供给红军两医院各6担米，一直供了两年。1933年冬根据江西军区指示，白鹭红军医院并入兴国茶陵医院，但医院名仍称白鹭医院，可见白鹭对红军的重要意义。现在白鹭钟氏总宗世昌堂照壁上的红军标语仍清晰可见，后龙山上也仍保留有当年战斗时所建的军事工地。

土地革命战争时期，白鹭乡先后有1356名热血儿女参军参战，其中参加主力红军的有605人，为革命牺牲、有名有姓的烈士就达765名。当时白鹭村家家户户都有人当红军，有的人家还不止一两个，甚至三四个儿子都当红军去了。在那些烈士中，白鹭一村有名有姓的就达136人。

白鹭位于江西省赣州市赣县的最南端，毗邻兴国县和万安县，"一脚踏三县"。村庄距赣州约70公里。全村长约1公里，宽约0.5公里，南北走向，现有13个村民小组，共有人口2600多人，总户数610户，耕地面积1985亩，山林面积7172亩。

清代前中期，钟氏家族纷纷投资大兴土木，建起了一座座青砖大瓦房的祠堂及民居。村中有四条主要街道，极像一横置的"丰"字，村中大街小巷两侧都设有水渠，它们首尾相连，左右相通，汇成了3条排水渠，自北向南通往鹭溪。同时，3条水渠构成了白鹭完整的排水系统，较好地解决了村内排水问题。

白鹭村商业繁荣，在东南十字街东头的空坪上密集地设立着许多店铺。庙、祠、庵、观则位于村庄东、西、北头，如福神庙、仙娘阁、三元宫等。村内核心位置设立主祠堂和分祠堂，形成了天一池、二义仓、三元宫、四逸堂、五福第、六角亭、七姑庙、八角井、九成堂、十字街等10处街坊景观。

白鹭现存古建筑多为晚清时代建造，部分后被改建，面积有4万多平方米，保存下来的有42处，建筑类型比较齐全，如民居、宗祠、书院、戏台、楼阁、庙宇、桥梁、街道、店铺等。

村庄至今保存着大量明清古建筑以及丰富的客家历史文化，800多年来，基本上没有外来移民杂居，从而形成同一祖宗的钟氏家族村，在客家古村落中颇具典型意义，可以说是江南保存最完好最集中的客家古村落。因此，白鹭村被评为"中国十大古村"，也入选"中国历史文化名村"。

王太夫人

钟氏族人在白鹭繁衍生息，清代有一位彪炳史册的太夫人。钟正瑛因孙子钟崇俨担任要职赠朝议大夫、刑部河南、吏司郎中加一级，人称"白鹭八百年间首富"。其子钟愈昌生于清乾隆元年（1736），历任清太学生、布政司理问、奉政大夫，乾隆六十年（1795）去世。王太夫人，钟愈昌的副室，生于清乾隆十五年（1750），道光二年（1822）去世。钟崇俨为钟愈昌与王太夫人的儿子，字若思，号敬亭，生于清乾隆四十三年（1778），咸丰八年（1858）去世，嘉庆十九年（1814）至嘉庆二十二年（1817）任嘉兴知府。

王太夫人不仅为白鹭村村民所敬仰，而且是传统女性中的杰出代表。她能够管好钟氏家族的事务，性格仁慈，能够识大体顾大局，凡是宗族中有生活贫困的人，她尽可能地去接济和赈恤，而且是长年累月地帮助和接济。她辛勤操持家业20余年，儿子钟崇俨得以刻苦读书，但几次都未能考中功名，后来因父亲官荫入仕为官，做到了中央的刑部侍郎，王太夫人跟随儿子到京城居住，她时常劝诫儿子要"勤慎"，钟崇俨谨记母亲教导，他在审理案件过程中平反了很多冤狱，大家都很佩服王太夫人，把她比作西汉武帝时期京兆尹隽不疑的母亲。不久，钟崇俨外调担任嘉兴知府，王太夫人也跟随儿子钟崇俨在嘉兴居住了7年，当时王太夫人已经70多岁，钟崇俨便以母亲年龄高打报告回家奉养母亲。道光二年（1822）十月，王太夫人去世，享寿73岁。

族人钟元祥想在白鹭村创建义田，但因资金等原因始终无法实现，王太夫人知道后，非常支持，把自己平生所积累的钱财全部拿出来奉献给义田，这样白鹭村义田才建立起来。王太夫人儿子钟崇俨又按照母亲的遗训，凑足田租千石，仿照苏州范仲淹所创建的范氏义庄。从此白鹭村在几十年内，宗族中老幼鳏寡能够得到资助，年轻人结婚，家里有丧事都能得到一定的资助，村中有人能够参加科

白鹭村王太夫人祠内景

举考试的乡试和会试都可以得到补贴，另外村中还存储千石的稻谷以防发生饥荒。

白鹭钟氏 6 大房，每房都制定了族规房规，对入学和取得功名的族人进行奖励。入仕者还能够取得祠堂每年定期补助，使得家人衣食无忧。直到民国，白鹭钟氏仍实施教育奖励政策，对当时考取小学的人，大祠堂代缴学杂费；对进入中学者，祠堂每学年补助 800 斤稻谷；考取大学，祠堂则每学年补助 1000 斤稻谷。

白鹭物华天宝，人杰地灵。自钟氏南宋开基以来，一代又一代白鹭人艰苦创业，勇于开拓，锲而不舍，闯出一条"农而优则商，商而优则学，学而优则仕"的康庄大道。这条道路指引着钟氏子弟创造了一个又一个奇迹，收获了无可比拟的巨额财富，建起了一座座官殿式的雄伟祠宇，培养出一批批出类拔萃的优秀人才。近代以来，白鹭为革命贡献巨大，是名副其实的红色之都。龙岗苍苍，鹭溪泱泱，丰厚的客家文化使白鹭对研究赣南客家史及新、老、土、客之间的文化交融具有典型意义，而苏区精神的因子也在白鹭闪烁着耀眼的光芒。

重峦叠嶂

龙南县
关西村

关西村名始于明正德年间（1506—1521），南赣巡抚王阳明率兵前往广东平剿三浰，曾在程岭（与定南交界处）一带安营设关把寨，关西正处关隘之西，故名"关西"。

赣南客家围屋是典型的客家民居，在赣南分布广泛，关西新围为清朝名绅徐名钧所建。徐名均因排行第四，后人称其为徐老四，徐老四靠经营木材发财后，又开当铺、药房，成一方富豪。徐老四共有10个儿子（亲生9子），由于子女增多，原居老围日显拥挤，便于清嘉庆三年（1798）开始动工兴建新围屋，前后花了29年时间、耗资百万银两，于清道光七年（1827）建成，人们为与老围区别，便称之为"新围"。

关西围俯瞰

关西新围集家、堡、祠、中心广场于一体，突出表现了中国传统的礼制和伦理观念及强烈的风水意识，在中国民居建筑中独树一帜，是客家民居的杰出代表，世所罕见，被誉为"保存最完善、规模最宏大、功能最齐全"的围屋，日本早稻田大学教授片三和峻称之为"东方的古罗马城堡，汉晋钨堡的活化石"。关西新围荣誉众多，如"全国重点文物保护单位""中国历史文化名村"和"中国传统村落"，国家4A级景区等。

关西地处江西省龙南县城西南约25公里丘陵山区的盆地中，南北长约3公里，东西宽800—1500米。盆地中央有一条南北流向的关西河，与通往县城公路基本平行。全镇总面积80.4平方公里，其中耕地5107.05亩，林地101295亩。境内矿产资源丰富、已探明的矿产资源有10多种，主要有稀土、萤石、瓷土等；水资源充沛，现有程口、枫树岗等4座中型水电站。

围屋所在地四面环山，重峦叠嶂，地势南高北低。东有东山，南有大富山，西有三阳山，北有雷锋山，最高处大富山海拔741米，最低处海拔250米，群山紧紧将境域环抱，仅沿关西河及濂江上游为河谷盆地，境内植被良好，青山环抱、碧水东流。境内主干河流为濂江，自东往西南流经境内9公里。

围屋传说

围屋是客家民居的主要建筑形式。龙南围屋建筑数量之多，规模之大，风格之全，保存之完好，均属世界之最。现保存比较完好的围屋仍有376座，被誉为"客家围屋博物馆"，2009年上海吉尼斯总部授予龙南为"拥有客家围屋最多的县"称号。这些围屋仿佛一部客家人迁徙、奋斗的厚重史书，让人去捡拾客家民系的岁月残片，领略客家文化的博大精深，是研究客家民系社会史和文化史极其宝贵的物证。

关西围近乎方形，四角有4个高大的炮楼，长近百米，墙上布了几百个梅花枪眼和外大内小的射击孔、瞭望窗，一旦敌人来犯，远处可从梅花枪眼上打击敌人，敌人到了墙脚下，可以从炮楼上的射击孔打击敌人，炮楼上的射击孔和正面的梅花枪眼正好形成了一个射击的死角，使得来犯的敌人不能越雷池一步。围屋外表上给

关西新围近乎方形的格局

人一种冷峻和压迫感，活脱脱一个墙高壁厚、壁垒森严的堡垒。

从外墙上看，瓦面上是"见血封喉"，中间是"铜墙铁壁"，地下是"千年不腐"。围门一关，围内就是一个独立王国，一旦敌人来犯，围内的人们初一、十五还照样敬奉祖先，祁佑平安。

新围主人徐老四耗费巨资才建成新围，乾隆年间，赣南盛产木林，木材质地良好，龙南的木料被称为"龙木"，成为当地的主要财源，关西更是"龙木"的主要产地。由于交通不便，大量的木材只能通过水道运往赣州、九江、南京等地销售。一路上苛捐杂税，几个月下来贩完木头，也没几个钱上手。那年，刚满 30 岁的徐老四替下了放排贩运木头多年的父亲徐西昌押运木头下南京，几天后，木排便泊在了赣州城外。一迷路的落魄公子因钱物被盗在江边徘徊，穷困潦倒无奈之际，看到徐老四的木排停在江边，就恳求徐老四顺路搭他回南昌。一路上，徐老四对那少年照顾得十分周到，木排到了南昌，因一路疲劳，决定休整两天，徐老四给了些银子给那落魄公子，打发他回家。第二天，一顶八抬轿子来请徐老四，徐老四才知道那落难公子是当朝的道台公子，因跟家里赌气，流落到了赣州，徐老四无意间逢到了贵人。

席间，徐老四向道台大人诉说了做木排生意的难处，一路上苛捐杂税，盗贼横行霸道，放一趟木排也没几个钱上手。

道台大人为报答徐老四搭救他儿子的救命恩情，更有感于徐老四做生意的困苦，特写了一道手令交给徐老四，手令大意为：凡是木头上烙有徐老四父亲"西昌"字号的木头在5年内一律放关免税，全程通行。一夜之间，徐老四成了水道上的"大哥大"，许多木材商人争相与徐老四商议将自己的木头上也刻上"西昌"字号，以免除税款，省下的税款与徐老四五五分成。再说有一年春汛提前，堆在河边上烙上了"西昌"字号的几千方木材一起被洪水冲了下去，混在了一起，分不清哪些是谁的木排了，没有谁敢来争，徐老四一夜之间发了"洪水财"。

后来徐老四资产越滚越大，又在赣州、信丰、龙南等地购置了大宗地盘，开当铺、药铺，成为一方富豪，随着子女的增多，原来居住的老围日显拥挤，便择地着手建造新围。祠堂大门的门簪上刻有"乾坤"，门顶原有一珍贵的竖匾，题字为"赏戴蓝翎"，传说是光绪皇帝赏赐给徐老四孙子徐赠、徐峰的匾。徐家在当地是一旺族，到了徐老四孙子辈，出了武举人徐赠和文举人徐峰，在皇后宫任职，徐赠40多岁告老还乡时，谎称龙南土匪多，毛贼流寇出没无常，抓住土匪、毛贼要到县城报官，耽误了时间，皇上特赐"赏戴蓝翎"匾于他。"赏"即为皇帝赠赏，"蓝翎"即为官帽，是清朝赏赐给汉人的最高的官品位，赐他有先斩后奏的权力。

历史的脚步清晰而又凝重，文明的传承绵延不息。一代代客家人在赣南大地上，筚路蓝缕，开拓奋进，铸造了一座座客家人的历史丰碑。关西围，无疑是其中最具代表性的赣南客家地标。

迈入新时代，关西村正在展现新风貌，努力建设富裕、民主、文明、和谐的关西村。如今的关西村环境整洁，新房科学规划，随着关西至定南旅游公路建成通车，关西村与外部交通更为便捷，围绕小城镇建设，村内各项基础设施更为齐全，关西明天更美好。

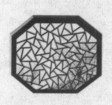

第二章

江湖载歌行

——河岸的家园

　　江西境内河流密布，水系发达，大小河流共计2400余条，总长约18400公里，赣江、抚河、信江、饶河和修河五大河流为省内主要河流，纵贯全区，五河来水汇入鄱阳湖后经湖口注入长江。赣江是江西的母亲河，位于长江中下游南岸，源出赣闽边界武夷山西麓，自南向北纵贯全省，有13条主要支流汇入，全长766公里，流域面积83500平方公里，占鄱阳湖流域面积的51.5%。江西境内湖泊众多，大大小小的湖泊有上万个。鄱阳湖地处江西省北部，长江中下游南岸，是中国最大的淡水湖，古称彭蠡、彭蠡泽、彭泽，为长江流域的重要的一个过水性、吞吐型、季节性的浅水湖泊。湖区面积平水位时为3150平方公里。鄱阳湖水系涉及的范围南北长约620公里，东西宽约490公里，流域面积162225平方公里，相当于江西省面积的97.2%。丰富的水资源不仅灌溉了江西的良田，而且还哺育了赣鄱儿女，更重要的是江西先民在建造家园时伴水而居，或临湖，或靠江，或依河，水带给江西百姓富足的生活。

鄱湖明珠

都昌县鹤舍村

　　东汉时，鹤舍少有人烟，一片"村落疏稀，山野荒凉"的景象，方圆数十里仅有一条小道，有好心人便在路边建起3间茅舍，供过往客人小憩、短宿。东晋时，茅舍对面的元辰山来了一位特殊客人，名苏耽，寓居在元辰寺止息炼丹，后来得道成仙，人称"苏仙公"，元辰山因此得名"苏山"。苏耽年少丧父，事母至孝。有一天他把寺内打扫干净，母亲问他为什么？他说："我仙道已成，天帝来召我。"母亲说："你成仙后，谁来养我？"苏耽手指一木柜说："母亲所需要的东西里面都有。明年地方上要发生大疫，您可以取庭前桔树叶和井水煎汤自救。"随后，

都昌县鹤舍村

鹤舍村巷道

有数十只白鹤降落门前，苏耽即乘鹤仙去。不久，地方上果然发生大疫，母亲按照苏耽所说，救活了许多乡民。很多年后，又有白鹤飞来停在舍屋楼上，有人夹弹弹它们，白鹤用爪攫楼板，好像在写字："城郭是，人民非，三百甲子一来归，吾是苏君弹何为？""鹤舍"之名就是因此故事而来。

鹤舍村为袁氏单姓村，迄今已有1800多年历史。明代鹤舍发展迅速，天顺年间（1457—1464），鹤舍村族人袁崇美带领子孙逐步扩建住房，扩大村落规模。

鹤舍是赣东北的一颗明珠，以其人文之盛、商贾之富、建筑之美而享誉赣鄱大地，也受到了外界广泛关注，如《铁血共和》《风雨下钟山》《牡丹亭》《聊斋》等一些优秀影片曾在鹤舍村拍摄大量镜头。与此同时，鹤舍村还荣获"江西省文物保护单位""江西省历史文化名村""中国传统村落"等称号。

鹤舍村交通便利，位于江西省九江市都昌县西北部苏山乡，地处鄱阳湖东岸，临界湖口县，与庐山隔水相望。袁氏先祖比较注重居住环境的选择，从外部来看，这块土地山清水秀，环境优美非常适合居住；从地理格局来看，村庄处于低山丘陵地带，村南有南山，村边有小溪，绕村而过，小桥流水，涓涓不断，宛若世外桃源。鹤舍现有住户208户，常住人口为800余人。

袁氏族人对居住空间布局考虑也十分周到，巧妙运用道家"道法自然"思想，因天时，就地利，以一条溪水"玉带溪"为分割界线，划分太极两仪，南开田园种植，北建村落居住。村西兴建学堂，教育子孙"力田勤书"，形成"南耕北读"局面，传承"耕读并重"优良传统。村中有石砌长方形池塘一口，与自然山体"南山"相呼应，山水交融，形成太极图中的两颗鱼眼。村中现保存较完整的明清建筑有 23 栋，祖厅 1 栋，占地 600 平方米，巷道 15 条，总长度 800 米，另有大夫第门楼 1 座，清末仿欧式小洋楼 1 栋。

鹤舍"四水归堂"

鹤舍屋祠大多建有天井，大的 10 多平方米，小的约 2 平方米，为建筑内部汇水、采光和通风而设计，也起营造共享空间聚合氛围和优化室内环境景观作用。这些天井由青砖砌就，均为长方形。四面屋坡的水都流向天井，寓意"四水归堂"，象征着财不外流。天井排水孔都暗藏在不同地方，有的天井多达四五个排水孔，雨水从排水孔出去，汇流到天井左右侧和前沿的阴沟里去。天井和暗沟、阴沟、池塘、小溪共同构成了村落排水系统。全村古建筑的天井通过暗沟在地下互相联通，连贯各家院落，将鹤舍村的生活用水和雨水汇入阴沟、排入池塘、注入溪中。村中沟无直沟，但常年畅通无阻，从不淤塞。即便是天降大雨，巷道也无积水，走在路上不湿鞋。

农商并重

鹤舍村土地肥沃，百姓勤劳，全村开始以农业为主，后耕读结合，农商并重。明清以来，随着乡亲互帮，邻里互带，去往景德镇谋生的人越来越多。

袁藩杰靠卖豆腐勤俭起家，赚了一些钱后，跟随乡亲去往景德镇做瓷器生意，渐渐成了瓷业行家，生意做得非常红火。后来，次子袁绍起继承袁藩杰的事业，他勤于学习，善于钻研，生意规模越做越大，将瓷器生意发展到拥有7间瓷窑加数十间店铺和坯房的规模，成为当时有名的企业家。在他带动下，村里很多人外出创业，到景德镇从事陶瓷业。如袁绍河，在景德镇烧窑开了一间袁记义兴瓷窑，其子孙也一直从事陶瓷业。民国时期，袁训荡和袁训巍还将瓷器店开到了南京。据说当时南京只有3家瓷器店，袁氏就占两家。鹤舍人在外经商的成功，使得村落建设和族人读书应举也有了坚实的物质基础。他们经商致富后，大多反哺家族，投资公益事业，或分产析业，或赡养父母及直系亲属等。

　　600年前，袁崇美在鹤舍建村时以耕读为家族生活之根本，对族中子弟文教科举事业非常重视，其族谱所载家则曰："无价宝振家声还是读书。"清代后期，鹤舍人口快速繁衍，族人外出经商增多，一方面缓解了人多地少的生存压力，另一方面经商致富又为读书科举之人提供良好的物质条件。有的家庭中甚至出现仕、儒、商三位一体的现象，即以商养学、以学入仕、以仕保商，形成了良性循环。直到民国时期，鹤舍村读书风气依然兴盛，考取高等学堂者不乏其人，如袁训芷是日本早稻田大学高才生，袁成琬北平清华大学肄业，曾任江西义务女子学校校长。

　　"书声琅琅，弦诵不断"既是鹤舍袁氏亘古不变的追求，又是他们传承数百年不断的家风。今天的鹤舍乘着改革春风，经济社会事业快速发展，古村焕然一新，以更加崭新的面貌呈现给世人。鹤舍村袁氏先辈在赣北大地上耕读起家、工商富家、礼义传家，既成就了辉煌的过去，也将开创美好的未来。

河汉交错

南昌县
熊家村

熊家村因是熊氏单姓聚居村落而得名，又因村前池塘似半月而称"月池熊家"。

熊家村有近400年的建村历史。据村民讲，月池熊氏属于"江陵熊氏"分支，其先祖"察公"在唐代"安史之乱"时，由湖北江陵避难至江西新建"豫章沟"。战乱结束后，"察公"携家眷返回江陵，同时，留下部分子孙在"豫章沟"落户。这些后裔在当地繁衍，其中一支（称作"定方支"）在明末清初迁至南昌县冈上镇西边的一个村庄，就是今天的熊家村。

熊家村全景俯瞰

清代，月池熊家经济快速发展，人文日益昌盛，在商业贸易、科举考试等领域均取得了令人瞩目的成就。近代以来，以熊育锡、熊元锷兄弟为代表的熊家人，本着"教育救国""科技兴国"理念，投身于新式教育改革、发展的潮流中，创办了以"心远"命名、自小学至大学完整的新式教育体系，培养了一批近现代爱国志士和科技人才，熊家村涌现了大量高级专业技术人才，其中教授、副教授以上职称者达300余人，著名学者如近代著名爱国教育家、心远学校创始人熊育锡，中国人民解放军上将、原副总参谋长熊光楷，中科院南京紫金山天文台研究员、博士生导师熊大润，中央纪委委员、北京大学博士生导师、中国铝业公司原董事长、现任中国海洋石油总公司监事会主席熊维平，清华大学教授、博士生导师熊光楞，德国马尔堡大学教授、博士生导师熊光明等，熊家村因此被誉为"近代南昌第一才子村"和"教授村"。心远学校不仅为国家培养了大量优秀人才，而且形成了弥足珍贵的"心远精神"，为近现代江西和中国社会发展贡献了宝贵精神财富。

冈上镇地处江西省南昌县西南边陲，江西五大水系之一的抚河横贯其间，与丰城市、新建县隔赣江相望，沪昆高速在村旁穿过。南昌县内公路四通八达，105、316、320国道、温厚高速公路穿境而过；京九铁路与浙赣铁路在向塘镇交汇。冈上镇水陆交通甚为发达。镇东边的市汊街，自唐以来就是赣江两岸南昌、丰城、新建三地农副产品的水路运销集散地。大量农产品由此装船，经赣江，过鄱阳湖，入长江，运往长江中下游的九江、安庆、南京、上海等大商埠。据一直住在码头边的魏道阁老人回忆，中华人民共和国成立前，市汊有各行各业的店铺300余家，代客运销粮食、棉花、茶叶等，仅吴利泉代理行就包有3艘轮船运粮食，上至赣州，下至上海。此外还有碾米厂10家，造船厂5家，木竹行6家，客栈、酒楼、茶铺、南杂店几十家。水运的发达，加之陆路的通畅，造就了历史上熊家村帆船往来、车马驰骋的繁忙景象，村民也形成了浓厚的经商传统，这为熊家村文化教育的发展奠定了坚实的基础。

走进熊家村，放眼所见古树参天，绿草遍野，古刹密布。据史料记载，自唐宋以来，冈上镇境内先后建造了"卢爷殿""大钟寺""火神庙""玉霄观""二皇殿"等一大批佛道场所和民间神庙。其中尤以"火神庙"最为著名，每年早稻收获之际，当地乡民都会请来戏班演剧，举行大规模的赛会活动，祈求五谷丰登。

心远中学

心远中学，这所有着110年历史的知名学府，曾开创了许多教育传奇。110多年的发展历程中，由教育家熊育锡创立的"心远"品牌及其教育理念，无疑是百年辉煌里最浓墨重彩的一笔。

1901年，熊元锷联络堂兄熊育锡、熊育镐，新建夏敬观、蔡公湛，高安邹叔忱等人，创建了一个以修研西洋实科和语言为主的新式学堂——乐群英文学堂。熊元锷是熊家村最早接受"新学"思潮之人，和严复往来甚密，民国著名学者陈三立曾称誉："（熊元锷）少时即抱大志，不治举业，喜结交各地维新之士……其后尽揽近人撰著译述言新法者，独膺服侯官严复氏之说。以谓说渊览眇惛，根据道要，不为剿猎，偏曲塞浅，犁然当人心，无如严先生者也。"

几位青年人在征得家族同意后，借用熊氏位于南昌市东湖边的"平远山房家塾"为校址。"乐群学堂"开办一年后，主要创办人熊元锷离开学堂，学堂事务便由原来的监督熊育锡主持。1903年，熊育锡将学堂改为"南昌熊氏私立心远英文学塾"，成为江西最早的一所私立中学。1907年改名"心远中学堂"，1912年又易名为"南昌熊氏私立心远中学校"。在熊育锡努力下，当时的"心远"以其雄厚的师资力量、新颖的课程内容和出色的教学质量，与天津南开、长沙明德并列为国内三大著名中学。

心远中学当年的师资力量，可以说在全国享有盛誉，熊育锡不惜重金聘请省内外名师，如著名国画家傅抱石和著名植物学家胡先骕都曾在心远中学任教。与此同时，北洋水师学堂高才生李岑、陈持正，分任三角、几何和英语课程的教学。学生用的数、理、化及外国史地教材，一律是西文原版，有的甚至是美国一、二年级学生用的。除了注重英文和自然科学教学外，熊育锡还特别强调中国优秀传统文化涵养学习，把《四书》《通鉴》《读通鉴论》等列为学生必读教材。

百年来，心远学校人才辈出，培养了10名中科院院士，如吴有训、阳含熙、徐采栋、程孝刚、蔡方荫、刘恢先、黄家驷、吴式枢、盛彤笙、游效曾等，说起这些院士，每一位都可谓来头不小。最为人们熟知的，莫过于我国近代物理学奠基人吴有训。1916 年，他毕业于省立第二中学，1920 年回到母校任理化教员。另外 9 位院士也都是各自领域的精英。1910 年毕业的程孝刚是机械工程专家，1920年毕业的蔡方荫是土木建筑结构专家、力学专家，1921 年毕业的黄家驷是中国生物医学工程学的奠基人之一，1925 年毕业的盛彤笙是兽医学家、微生物学家，1929 年毕业的刘恢先是结构工程和地震工程专家，1935 年毕业的阳含熙是生态学开拓者，1939 年毕业的吴式枢是理论物理学家，同年毕业的徐采栋是有色冶金专家，1949 年毕业的游效曾是化学家。

这一串闪亮的名字，都是从中华人民共和国成立前的心远中学或省立二中走出的中科院院士。如今，他们的铜像仍在南昌二中高中部的校园里屹立，见证着学校的百年历史。

400 年前，熊氏族人选择在水系发达，河汊交错的熊家村开基立村，凭借着极佳的交通优势，在商业贸易上由崭露头角到兴旺发达，只用了不到百年时间。经济发展之后的熊家人沿袭中国传统的"诗书传家"之道，兴办教育，鼓励子孙后代努力向学，读书有成，专门设立了家族教育基金，并相应成立了"心远堂"这一管理机构。心远堂的设立，为熊氏子弟专心治举提供了良好条件，他们在各级科举考试中亦取得了成功。清末，月池熊氏子弟中不少人先后转向追求新学，熊元锷、熊育锡兄弟先后与严复结成师生关系，创办了心远学堂，使熊氏子弟在近现代教育和科技领域取得了巨大成就。

近年来，"心远现象"逐渐受到各界关注和重视，江西省内和国内的众多媒体，先后刊登了"冈上有个教授村""撩开教授村神秘面纱""熊育锡心远之源"等新闻。今日的熊家村面貌焕然一新，不仅重现了"月照樟林古，池连草色青"的景象，而且熊家村尚学重教的优良传统得以弘扬。月池熊家正以她深厚的历史文化底蕴，向世人展示一曲近代以来家事、国事、天下事的交响乐。

三江交汇

南昌县
前后万村

　　前后万村是前万村、后万村的合称，为万氏单姓聚居村落，故称"万村"，是江西南昌的望族名村。

　　前后万村文物古迹众多，现有鲤鱼塘、双节牌坊（圣旨牌）、必大之门、金榜旗杆石、石堤十八坡、道光古井、万芳园、万迪公铜像以及极具古韵的明清古建筑群。数百栋赣中抚河流域民居鳞次栉比，蔚为壮观。民居之间巷道交错，门道相连，村民往来自如。村庄先后被评为"江西省历史文化名村"和"中国传统村落"。村庄所在的三江镇为千年古镇，北宋大文豪陈守中题写的"挹秀三江"

前后万村俯瞰

前后万村"挹秀三江"牌

古碑迄今还保留在村中。南宋时三江已成为方圆百里、热闹非凡的圩集，元、明两朝在三江设有驿站和三江铺，清代、民国又在河街设立了三江巡检司，三江集市贸易更为发达。

三江万氏为将相之后，名门望族。始祖为南宋爱国先贤、兵部尚书万迪（万一泓），万迪曾功拜监国上将军，受禄一品银青荣禄大夫。建炎三年（1129）金兵南侵，迪公临危受命护送隆祐太后（孟皇后）南避，途经隆兴（南昌）郊外的板湖（今广福镇板湖村），安顿家眷后继续征伐金兵，历经千险，平定南疆，击溃金兵后回守鄱阳诸地，子孙后世自始定居。南宋嘉定十六年（1223），因子孙繁衍，不断播迁，迪公七世孙仲举公由板湖迁至三江口牛宿洲。后仲举公十世孙曰齐公携子迁居牛宿洲东北角的鲤鱼垅（今后万村址）。

前后万村有着丰富的婚嫁文化、丧葬文化、节日习俗和风俗禁忌，留有黄庭坚、苏轼、万迪等名人的诗词。前后万村绿树芳草，碧水如镜，有马尾松、山刺柏、合欢树、旱水杉、香樟、桂花、棕桐、芙蓉、杜鹃等树木花草；村内古建筑群房宅整肃，巷道平整，门塘、河堤、祠宇、古井布局合理，现有明清时期建筑53幢1.5万平方米。

前后万村地处江西省南昌市南昌县三江镇镇区东南部，距南昌市市区45公里，距县政府所在地35公里。位于南昌县、丰城市、进贤县、抚州临川区四县市区接壤地带和抚河支流的箭江、隐溪、彭港三条河的交汇口。

远眺前后万村，村庄地势平坦，村内有多处水塘，村落整体呈花蕾形展开，以鲤鱼塘为中心，将古村分隔成南北两片区，即前万和后万。

走进前后万村，可以发现村庄整体布局是以水为主要元素，最有特色的是"双鲤望龙（垅）"的天然水体布局。所谓"双鲤望龙（垅）"是依据其空间布局意境而言，有总赣渠在村东，其余几塘相互连通，"鲤"比作前后万村，因其前后分明，所以称"双鲤"；村首鲤鱼塘又叫鲤鱼垅，据《万氏村志》记载，因鲤鱼与龙有不可分割的联系，所以三江的街道大都以龙为名，如乌龙街、红龙街、红龙头等，前、后万村隔着鲤鱼塘，两两相望，形成"双鲤望龙（垅）"之象，寓意子孙后代人才辈出，兴旺发达。

万氏豪杰

前后万村世代尊儒重教，"江山代有才人出"。始祖万迪忠君爱国、文武双全，戎马一生。迪公回守鄱阳诸地后，日夜操劳，造福乡间，力兴百废，百姓盛感其德。其勋业与道德文章受到文天祥的撰述赞扬；南宋万子应，与文天祥同科进士，曾任文天祥义兵团练使，与文天祥一起戮力抗击蒙古；爱国志士、河南监察御史万启心力挺林则徐抗英焚烟，致受累贬官返乡而无悔。

前后万村当代杰出代表是万绍芬，她出生于 1930 年 8 月，系万氏三十二世孙女。1952 年 7 月加入中国共产党，系新中国第一位女性省委书记。1948年，万绍芬在国立中正大学经济系学习并参加中共地下党外围组织和学生运动，1950 年任青年团江西省南昌市总支部书记、团市委办公室主任、青年团南昌市委常委、青工部部长兼市工会常委、团南昌市委副书记、团省委委员、团中央候补委员。1957 年 11 月任航空工业部国营 514 厂党委委员、厂团委书记、厂工会主席。1970 年 7 月任第三机械工业部秦岭分公司生产部组长。

前后万村建筑

1974 年 6 月任江西省知青办宣传处负责人、处长、副主任、党组成员。1982 年任江西省劳动局副局长。1983 年 3 月任江西省妇联主任。1984 年 4 月任江西省委常委、组织部长。1985 年 6 月任江西省委书记、省军区党委会第一书记。1988 年 5 月任中华总工会副主席、党组副书记（正部长级）。1988 年 12 月至 1995 年 10 月任中共中央统战部副部长（正部长级）。中共第十一届、十三届中央委员，在中共十四大当选为中央纪委委员，全国人大第六、七、八、九届代表，第八届常委、外侨委员会副主任委员，第九届常委、内务司法委员会副主任委员，香港特别行政区筹委会预委会委员。曾任中华海外交流协会常务理事，中国慈善总会荣誉会长。2013 年 11 月，万绍芬入选"新中国百位女性第一与中国梦"展览，成为万氏家族无上的荣耀。

800 多年来，前后万村的万氏族人凭借着三江口"赣抚两河贯通，可通舟楫，路上有众多的驿站和官马大道，盛行车马运输"的特有优势，发展商业贸易，以商兴村，形成了浓厚的商贾之风。清代，前后万村又开始走多元化发展之路，即从事经商、学艺、读书三条道路。繁盛的经济基础，不仅让前后万村万氏在外经商子弟具有较高的文化素养和道德品行，以仁义诚信经商理念推动他们事业的发展，而且促进前后万村文风蔚起，人才辈出。

可以说，前后万村万氏在不同历史时期都涌现出能拯人民于水火，能为国家为民族奉献牺牲自己的栋梁，这是世界万氏的荣幸。在新型城镇化快速推进的今天，前后万村也始终走在前列，在绿色城镇、人文城镇方面秀出自己的特色，充分利用山水生态优势，擦亮农贸产品的品牌，发挥水生态名片，建濒水宜居绿色生态新型城镇。

赣抚之滨

进贤县 陈家村

　　陈家村为陈氏单姓聚居村落，故名"陈家村"，因地处上艾溪之地，又称"上艾溪陈家"。

　　陈家村陈氏源出于江州"义门陈"，唐僖宗时期，江州德安太平乡常乐里的陈氏，因"累世共居，同爨合食"，被朝廷旌表为"义门"。宋仁宗嘉祐七年（1062），德安"义门"陈氏奉旨分庄，共有291庄迁居全国72个州郡。此后，从德安"义门"分析出去的陈氏，门首都挂有"义门世家""江州义门"等匾额，所谓"天下陈氏出义门"。据民国《陈氏家乘》记载，在江州义门陈氏向外分庄过程中，

陈家村全景

丛公长子思昇公迁居南昌棉花街庄，成为南昌和进贤艾溪陈姓始迁祖。

陈家村历史悠久，宋理宗绍定三年（1230），陈氏先祖思昇公十一世孙才良（号仕昌）由棉花市迁居南昌县忠孝乡从善里艾溪（称"下艾溪"），为该村始祖。明天顺元年（1457），仕昌公陈才良八世孙肖水公由南昌县忠孝乡从善里艾溪迁至进贤县钦风乡三十五都艾溪（称"上艾溪"），成为陈家村开基祖。

陈家村内明清古建筑众多，历史文化底蕴深厚，村内现存有2幢明代建筑和39幢清代建筑，另有红条石砌明塘1口，古井1眼，古树数棵，古巷数条，墓葬群2处，明、清庙庵遗址1处。村内古建筑群中"云亭别墅"和"羽琛山馆"曾获全国文物重点保护单位，陈家村也被列入"中国传统村落"。

陈家村位于江西省南昌市进贤县架桥镇境内，地处赣抚平原，地形平坦，离南昌市与进贤县各30公里。南距抚河1公里，与玉岭、望夫岭和罗岭相望，东与南昌县塔城乡东游村交界，越罗溪湖可达县城，西与南昌县武阳镇郭上村为邻，由茬港街下抚河可下至南昌，北接南昌县境。

明清及民国时期，上艾溪陈家村经历了一个以"义门世家"坊和祖堂为中心、逐渐向东西两旁扩散的过程，从而形成了"斗"字形的基本格局，成为当地一个大聚落。现在的陈家村，坐北朝南，村域面积为2.8平方公里，村庄占地面积133亩，户籍人口1221人。

忠孝节义

陈家村传承了义门陈先祖的忠孝节义，明代陈家村涌现出来的陈栋、陈以瑞、陈维谦和陈维恭就是忠节义士的杰出代表。

陈家村老屋木雕门

　　明隆庆年间（1567—1572），陈栋擢右赞善，侍班东宫，因对太子多有规谏，故时人谓有"公权笔谏"之风。隆庆五年（1571），陈栋主持科考，任人唯贤，拔同郡南昌县人邓以讚为第一。邓以讚后成为一代名臣，世人称赞陈栋有"鉴识"。陈栋去世后，万历年间进士、南昌人舒曰敬对陈栋有极高评价："官赞科名南昌，明三百年中一人，其道义文章当时负海内众望，以年命不永，未竟所用，而乡里仅艳其会元探花，而不知其固名臣也。"

　　陈以瑞，号麟定，陈栋之孙，明万历四十三年（1615）乡试登第，授丽水知县。任职期间，以瑞勤政爱民，革除耗费，严肃吏治，万历四十八年（1620），陈以瑞调任福建漳浦知县，丽水县士民立"去思碑"纪念其德。

　　任职漳浦期间，陈以瑞革除寺租，旋升御史。任御史后，他不畏强权，敢于直言，后因得罪权宦魏忠贤，天启七年（1627）二月被革职。史载："以瑞题差有旨，谓其久依门户处之。逆祠成，以瑞谒拜，匍伏及入佛殿，长揖而已。珰闻怒曰：'我岂大于佛耶？'未几削夺。"

陈维谦，字仲容，年少时以才气受汤显祖赏识。万历三十四年（1606）乡试中举，任刑部主事。因对"郑鄤狱"之事发表言论，得罪了首辅温体仁，被贬为安徽南陵县司理。在职期间，极力主张革除"浆洗例银"等规费，引起地方官长不满，遂辞官归里。"崇正丙戌、丁亥岁大饥，朝夕不给，求食于诸兄弟，日具粥二碗，卒之日，无以殓，闻者伤之。"

陈维恭，字仲来，博闻强记，性淡洁，有气节，与同邑李仲章同榜齐名，时有"二仲"之目。万历四十三年举人，知海州。在海州任职时，陈维恭本着以民为本的原则，轻刑薄敛，修筑堤坝，"一方赖之"。此外，维恭礼贤下士，推崇文教，为当地培养了一批士子，"州人士出其门者，文行斐然可观"，被后人尊为"良臣"。

1000多年前，义门陈"忠孝为本，耕读传家"的家风受朝廷赞赏，唐僖宗李儇御诗："金门宴罢月如银，环佩珊珊出凤闱。问道江南谁第一，咸称惟有义门陈。"宋太宗赐御联："聚族三千口天下第一，同居五百年世上无双。"宋太宗后又赐御书："一犬未至百犬不食，牢内异物皆效义。一吠突起百吠齐怒，寨中同声共护门。"同时，宋朝裴愈题写了"天下第一家"匾额，《中华姓氏通书》称"义门陈氏天下奇，百犬同槽奇中奇"，也被载入世界吉尼斯纪录。自建村以来，陈氏子弟秉承"义门陈"留下的"忠孝为本，耕读传家"祖训，时至今日，尊祖敬宗，崇文向学，建设乡里，培育良风美俗仍然是陈家村百姓谨守不渝的信念，他们在传承先祖优良家风的同时，也为后人留下了宝贵的精神文化遗产。

蚂蚁河畔 南昌市新建区汪山村

"汪山土库"之名始于清道光年间（1821—1850），程氏在今江西省南昌市新建区大塘坪的汪山岗边，建有数十栋精美的宅院建筑，当地百姓把这些大型青砖瓦房称为"土库"，又因"土库"坐落在汪山岗上，故得名"汪山土库"。

汪山土库程氏祖籍安徽新安（今黄山市屯溪）篁墩，家族历史十分久远，可远溯至东晋新安太守元谭公。唐末黄巢起义时，元谭公二十九世孙火宙公定居于南昌新建竹园。明朝弘治年间（1488—1505），元谭公四十九世孙玉球公迁居新建大塘坪汪山村。

程氏家族通过耕读传家，从一个农夫之家成为官宦门第，家族成员在清中晚期、民国政坛大放异彩，程氏成为当地首屈一指的名门望族。

汪山土库是清道光年间号称"一门三督抚"的湖广总督程矞采、江苏巡抚程焕采和安徽巡抚程懋采三兄弟集资所建的古建筑群。据记载，汪山土库始建于道光元年（1821），至咸丰元年（1851）基本成型，其主体建筑修建时间长达30

汪山村俯瞰

年之久。汪山土库的兴衰与时代紧密相连，历经战争燹乱，遭受太平天国军、日军的洗劫。中华人民共和国成立后，程氏又历经土改、镇反、反右，在很长一段时间，人们谈"程"色变。汪山土库作为声名远播的官宦府第，深厚的府第文化与精湛的建筑艺术交相辉映，珠联璧合，素有"江南望族、民间故宫"和"中国府第博物馆"美誉。

汪山土库地处江西省南昌市新建区东北部大塘坪乡，赣江西岸，濒临鄱阳湖，距南昌45公里，南通南昌，西接桑海经济技术开发区，北通永修，东临鄱阳湖，交通十分便利。修水支流蚂蚁河通赣江西汊经大塘坪地段，宛若一个隐蔽的"港湾"，成为永修与新建交接处的重要商品集散地。汪山土库距离2016年发掘的中国"六大考古新发现"之首的海昏侯墓遗址仅有两三公里，由此可见这个地方在古代长期是大族汇聚，风云际会之地。

汪山村现有人口260人，其中农业人口228人，耕地面积860亩。村庄坐北朝南，依山枕水，以祖堂为中心，东西两侧一字排开，占地108亩，内有房屋25幢，1443间，大小天井572个。建筑结构采取外墙青砖立斗灌泥，墙内侧定磉立柱承重的形式，外观青砖黛瓦，封火山墙，气势恢宏，巍伟壮观。内部巷道纵横、花楼重门，身置其中，冬暖夏凉，舒适宜人。走在汪山村可以体验"晴无日晒、雨不湿鞋"的感觉。

土库建筑布局科学，结构明朗，雕刻精美，排水、通风、采光等均以人为本，与鄱阳湖地区恬静迷人的田园风光和谐统一。著名古建专家雷运棠先生给汪山土库以极高评价："汪山土库是江西近现代人文建筑史上的一笔重彩，整个建筑群大气磅礴，雕刻工艺富贵而庄严，清晰简洁又不失神采，堪称建筑史上的一朵奇葩。"

风水宝地

清代道光年间（1821—1850），湖广总督程矞采从京城返乡，路上遇到一老者病倒路旁，便援手相救，延医问药。直到老者痊愈，程矞采才与他拱手相别。待程矞采回到家中，突然有族人来报，说有一外地老者围着村子转悠了很久，神情颇为古怪。程矞采便让家人把老者请进屋内，见面后大吃一惊，原来这正是前几日自己在路上搭救的老者，便令家人好酒好肉招待，并留他在家中住宿。

是夜，程矞采在睡梦中被老者的惊呼声和笑声惊醒，问其原因。老者娓娓道来："我本一风水术士，南行至此是为追寻龙脉而来。梅岭龙脉穿田过峡、剥换成嫩龙出脉，已化作小蛇藏在贵宅边的小山冈草丛里。方才闻得金鸡报晓，草中之蛇有腾挪之势，地脉极旺。为感谢先生救命之恩，特来指明这块'金鸡报晓、草里藏蛇'的风水宝地，以为报答。"

汪山村"一门三督抚"

此时，天已破晓，老者拉着程矞采的手，来到南面渠沟的小桥边，问道："此桥是否称鸡公桥？"程矞采十分吃惊，说："你怎么知道？"老者回道："我昨夜正是听到这里有金鸡报晓，才认定这块地有腾达之势，前面还有一块纱帽地。"于是他们又向前走了一会，果然看见一块呈纱帽状的小山冈，老者对程矞采说："此地风水极佳，大人在这里开基建宅，必使满门富贵、世代荣华。"

此后，程矞采便与父辈兄弟相商，按照老者指点，在汪山冈筹划兴建汪山土库。风水颇佳的汪山土库此后孕育了一个叱咤风云的豪门望族，培养了一代文彦俊士、社会名流。自清嘉庆至民国的 100 余年间，汪山土库共有进士 4 名，举人 11 名，社会名流 100 余名。民族英雄林则徐、一代名臣曾国藩、帝师翁同龢等达官显贵均与汪山土库程氏家族有过密之交，或曾驻足汪山土库并留下墨宝。

千百年来，汪山土库程氏家族秉承"耕读传家、重教崇文，积善成德、和睦乡邻，道德传世、理学名家，勤俭持家、待人谦和"的家风，成就了鼎盛江右的文风，培养了一代代文彦俊士、社会名流。今日，程氏后裔散居在北京、上海、成都、哈尔滨、南京、苏州、杭州以及台湾等地，还远至英国、法国、美国、日本等 10 余个国家，在音乐、建筑、医学等行业皆有不少出类拔萃的人才和骄人的业绩。汪山土库程氏家族的成功效应也极大地推动周边地区形成重教崇文的风气，成就了大塘地区"一门三督抚，五里六翰林"的辉煌。

今天，汪山土库正重新焕发了新的生命力，揭开了经济社会发展的新篇章。目前正围绕南昌市创建文化大市、文化强市中的"府第文化"主题和南昌市重点景区精心打造，即将作为南昌市乃至江西省的旅游文化新亮点推向全世界。

沂溪聚落

贵溪市
上清镇

　　"上清"之名出自道教之语，是道教最早至神"三清四御"中的"灵宝天尊"所居住禹余天的上清仙境。道书称，道教所尊奉的3位神——玉清元始天尊、上清灵宝道君、太清太上老君，居天外仙境，称"三清境"。上清镇所在的天师府为历代张天师讲道、居住之所，故称"上清"。《云笈七签》卷八："上清之天在绝霞之外，有八皇老君运九天之仙而处上清之宫也。"皇帝赐名"上清宫"，这里就成了"道家总会""神仙所都""百神受职之所"。

　　上清镇因中国道教发源地而闻名天下，中国古典名著《水浒传》第一回对龙虎山云奇峰怪石和上清宫云仙都有生动描写，其中"张天师祈禳瘟疫，洪太尉误

上清镇全景俯瞰

走妖魔"的故事就发生在这里。因文学名著之传扬,龙虎山上清镇更为百姓所称道和熟记。

上清镇历史久远,汉末晋初,第四代天师张盛自汉中迁回龙虎山时,就在此建"天师草堂"。隋朝上清开始形成聚落街市,在沂溪之阳,故名沂阳市。宋真宗大中祥符年间(1008—1016),敕改龙虎山真仙观为上清观。徽宗崇宁四年(1105),上清观从龙虎山迁今上清宫址。政和三年(1113),升上清观为上清正一宫。

现在所能见到最早记载"沂溪""沂阳"之名,是清乾隆五年(1740)版的《龙虎山志》。该志卷三《官府》"大上清宫建置沿革"载:大上清宫"左拥象山,右注沂溪";"大真人府旧制"载:"府第在上清里,古沂阳市。"

上清镇中央天师府为历代张天师讲道、居住的府邸,张天师在此历经63代1900余年,上清镇位列中国道教第三十三福地。同时,上清还是闽、浙、赣苏区红十一军与中央红军会师的地方,荣获"全国重点文物保护单位""江西省历史文化名镇"等称号。

上清镇位于江西省鹰潭市西南30公里处的上清河畔,面积约86平方公里。现有4900户,18700人。有耕地22000亩,可开发山地45400亩、养殖水面430亩。地理位置优越,东临贵溪市塘湾镇和耳口乡,西连龙虎山镇,南北邻上清林场,西南接金溪县。上清水陆交通发达,沂溪是发源于武夷山西北麓而汇入古余水(今信江)的一条河流,上清镇即在沂溪中游。武夷山区盛产的竹木山货,以筏舟顺流而下达鄱阳湖周围,上清为极佳的停靠之所。陆路方面,上清是通闽广的古大道所经之区。

上清繁荣1000多年,商绅富豪云集,私宅庭院星罗棋布,构成了古镇几十条大小不一,长短各异的巷道里弄。这些巷弄看起来曲折迷离,却又四通八达,常常给人以柳暗花明、豁然开朗的感觉。

天师府是上清镇的核心建筑,宋代天师府坐落于今上清古街道东陲的"柴家巷"北端,草丛中尚有疑似宋代的关门口条石。20世纪60年代,仍有宋代天师府遗存的砖墙约30余米。明宪宗成化三年(1467)赐御书"大真人府"额,成化二十一年(1485)又御旨重建天师府。嘉靖五年(1526)明世宗朱厚熜遣巾官

仁靖碑

吴猷同江西抚按官根据天师府的建制又进行扩建，当时的建制为：大堂教厅5间，东西廊房各6间，仪门3间，左右耳房各2间，头门6间，后堂5间，左右耳房2间，东西厢房各6间。清乾隆四十三年（1778），57代大真人张存义，对天师府又全面进行修建，规模焕然一新。中华人民共和国成立时，天师府头门、二门、大堂、私第、门屋、三省堂、后堂、玄坛殿、书院、万法宗坛、法录局、提举署等建筑基本存在，但均破烂不堪。2007年5月，由上清镇彭炳亮率工程人员拆除旧房进行复建，同年9月完成主体工程，并更名为"授箓院"。

天师张继先

张继先（1092—1127），字嘉闻，号悒然子，第30代天师。其父张处仁曾任临川知县，因第29代天师张景端无子，故收继先为嗣。继先生于宋元祐七年（1092）十二月二十日，至5岁时尚不能言，人以为哑。一日闻鸡鸣，忽失笑赋诗曰："灵鸡有五德，冠距不离身。五更张大口，唤醒梦中人。"9岁嗣教，稍长，明习道法。宋崇宁三年（1104）应诏赴阙，徽宗问曰："卿居龙虎山，曾见龙虎否？"对曰："居山，虎则常见，今日方睹龙颜。"令作符，上览笑曰："灵从何来？"对曰："神之所寓，灵自从之。"又问修丹之术若何？对曰："此野人事也，非人主所宜嗜，陛下清静无为，同符尧舜是矣。"帝悦，赐宴而出。

解州盐池水溢，民罹其害，徽宗命张继先治之，奏以召神将关羽佐之。徽宗以崇宁钱赏赐并追封关羽为"崇宁真君"。后各地关帝庙亦称关羽为崇宁真君，即始出于此。

次年（1105）五月，复应诏入朝，徽宗赐坐，问道法同异。张继先说："道本无为而无不为。道，体也；法，用也，体用一源，本无同异。若一者无立，二者强名，何异同之有？"其言谈深含道家辩证哲理。

同年七月，徽宗在天祥殿向张继先询问时政，张继先又一次婉劝徽宗："陛下宏建皇极，无偏无党，以苍生为念，天下幸甚。"

张继先除常进言治国之道外，且以符法镇灾，以医道救民，徽宗对其很器重。自崇宁四年（1105）起，先后拨银迁建上清正一观并改名为上清正一宫，赐建天师府第于上清镇关门口，修建道观五座并赐金铸老子及天师像。

宋徽宗迷恋方术，宠信林灵素。林灵素亦以书招张继先，张不与同流，并致书劝其自重："飘笠无情，云烟奚取？金门红雾，漫为天上之游；白石清泉，方保山中之适。""万象有杀有生，春花秋落；一气互消互息，夜露朝唏。"后林灵素果败。

张继先喜爱诗词创作，与石自芳、王文卿等文人学士道门同仁往来结交，吟咏酬唱。一日，他在惕然亭上题诗二句："赤帝御龙行末伏，姬娥分月入深山。"道门同仁时人皆不解其意。其实张继先深知宋王朝政风日下，危机四伏，并对此表示深深的忧虑。他的诗文虽然掺入神道仙释的思想，却并不都是虚无怪诞之作。如他的《仙岩寺》中写道："依然仙迹倚岩开，真馆何年竟草莱。今日梵宫方得到，旧时元鹤也飞来。一条涧水琉璃合，万叠云山紫翠堆。禅客夜深能独坐，满窗明月正徘徊。"另有《还山》一首写道："长年京国甚羁囚，丘壑归来始自由。流水有声如共语，闲云无迹可同游。猿依松影看丹灶，鹤与芦花人钓舟。如此栖迟良不恶，红尘何事辱鸣驺！"表达了对官场的厌恶，对田园山水的钟爱。

张继先著有《虚靖真君词》1卷，《全宋诗》收录张继先诗作52首。他有《明真破妄章颂》传世，其中影响尤以《心说》《大道歌》《虚空歌》为著。张继先的心学理论，对陆九渊有很大的影响。

天师府万法宗坛

　　靖康元年（1126）金人攻汴，宋钦宗与"太上皇"（徽宗），思张继先曾早有"赤马红羊之兆"（国家将有灾祸）的密奏，遣使亟召，张继先深知回天无力，行至泗州（故址在安徽省盱眙县东北，今江苏宿迁市东南）天庆观时，作颂而化，时年36岁，而京城也正在那天被金兵攻陷。后200年，施耐庵作《水浒》，其中"神童天师"即以张继先为原型。元武宗至大元年（1308）制封"虚靖玄通弘悟真君"。

　　上清因道教而闻名，从汉末开始，历代张天师传道并居住于此，至今承袭63代，历经1900多年，使上清成为天下道士心之向往的圣地。上清因水陆交通发达而贸易兴盛，穿境而过的沂溪使得南来北往的客商汇聚于此，人烟鼎盛。道教与贸易契合于上清，使之繁荣千年，兴盛千年。

　　今日的上清镇，沂溪还在奔流向前，天师府修葺一新，道教的发祥地，也逐渐成为天下游客心中的游览胜地，因此它集中国第八处世界自然遗产、世界地质公园、国家自然文化双遗产地、国家5A级旅游景区、全国重点文物保护单位诸多荣誉于一身。

泸溪盆地

贵溪市 曾家村

曾家村为曾氏单姓聚居村落，故俗称"曾家村"。曾家村还有一个名字叫"乌泥坂"，因村庄山脚一条小溪（当地人把河溪叫港）从村西南顺山势而下，直接汇入不远处的泸溪河，溪流冲积夹带泥沙堆积成肥沃的"乌泥坂"。

曾氏发脉于山东省济南府嘉祥县南 50 里南武山西元寨，战国时南迁到湖南湘乡。曾家村始祖是从曾氏第二发脉地江西庐陵吉阳（今江西省吉水县醪桥镇）再迁往江西广信府贵溪县耳口寨边上的乌泥港。

曾家村

在乌泥港邓姓和李姓两村打长工的曾先公（一说其全名曾先胜），即曾家村始祖，忠厚老实、勤劳肯干，虽为外姓流落至此，但为人做事很快得到当地东家认可。后来东家将女儿嫁给他，遂在此成家立业。曾先公靠着勤俭持家，家境逐渐殷实，其后子孙繁衍，人丁兴旺。曾先公育有三子：曾柏仕、曾云仕、曾在仕。此三人即为本村曾氏二世祖，也就是曾家村曾氏的老三房。居住在此的曾氏不断发展壮大，而邓姓和李姓两村后代日渐没落。现在村后长有三棵古松的山丘左右有两个山坳，就是原来李姓和邓姓两个小村庄所在地。

曾家村位于江西省鹰潭市贵溪市耳口乡，地处泸溪河中游，与龙虎山和上清天师府接壤，距市区 35 公里。全村现有 84 户，428 人。面积为 22 平方公里，境内拥有田地 1280 亩，山地 9300 亩，生长有大片的杉、松、杂木和毛竹。

村中古屋依山而建，层叠向上，雕梁画栋，保存有 22 幢清代和民国建筑（其中清代 19 幢），包括曾氏公祠、住宅和人文景观等。曾家村是一个有山、有水、有田、有土、有良好自然景观的独立生活空间，是中国传统社会农、商、儒并重的有丰富人文历史信息的标本之一，也是我国南方农耕文明的历史见证。

曾家村水陆交通便利，水路通过泸溪河直通天师府和龙虎山。陆路是中原入闽的主要路线，距离铅山经分水关到崇安的入闽古道——耳口寨只有 1.8 公里。同治《贵溪县志》记载贵溪县第三十六都有"花桥、南州桥、通圣桥，以上三桥皆闽浙通衢"。这些小路虽然破损，但历史陈迹还在。通过这些陈迹，人们依然可以感受曾家村当年所发生的热闹繁华故事，领略曾家村深厚的文化内涵和韵味。

曾家村是一个自然风光秀美的村落，村内自然植被覆盖良好，溪流水塘遍布，村庄地处一个宽阔盆地内，整个地势层叠

曾家村古戏台

而上，坐西北朝东南，周围群山环绕，村前的泸溪河自东西流，前临乌泥港，背靠献花山，境内群山起伏，沟谷纵横，构成了曾家村独特的居住景观特色。应该说，整体格局顺应山地丘陵地形，呈带状散落形态，肌理呈现一种均质的连续的特征。曾家村还是一块风水宝地，诗云："云台山上一仙鹅，飞来飞去不过河。有缘葬得此穴地，千张竹垫万担箩。"

曾家村更是一块天人合一的宜居之地，有山、有水、有田、有土、有良好自然景观的独立生活空间，是中国传统社会农、商、儒并重的有丰富人文历史信息的标本之一，也是我国南方农耕文明的历史见证。曾家村因此成为"江西省历史文化名村"和"中国传统村落"。

献花山传说

相传，曾家村开基祖曾先公的儿子曾云仕小时候帮邓姓和李姓两村放牛。一日放牛至献花山山脚，牛钻入茅草丛中，他赶牛累了，便坐在山包上小憩，不久便沉沉睡去。入睡不久，睡梦中狂风乍起，大雪纷飞，一位白胡须的老公公飘然而至，一边给他盖被子一边说，这是一块风水宝地，谁死后葬于此处，其子孙后代定能兴旺发达。曾云仕醒后，果然看到地上积起厚厚的雪，而他睡处却没有积雪。从此他把托梦牢记于心。每年下雪，他都悄悄地跑到山上他之前睡觉的地方看个究竟，果然没有积雪。乾隆四十三年（1778）曾云仕去世，其亲属按其生前嘱咐，将他葬于此处，以后曾姓子孙果然繁衍发达，而原来邓姓和李姓人家日渐衰没，最后沦为曾氏的长工。曾氏人丁兴旺，务义港地处山区，耕地较少，有几支后人陆续迁居鄱阳、贵溪、南昌等地。曾云仕的坟墓还在村后的献花山（又名"作玛形山"）山脚下。

发脉于齐鲁大地的曾氏，用原国名"鄫"为姓氏，但除去了邑旁，表示离开故城，不忘先祖，称为"曾"。先祖之杰出者如孔门七十二贤之一的曾子，北宋文学家曾巩、晚清重臣曾国藩等。曾氏从山东到湖南，再从湖南到庐陵，最后从庐陵到贵溪的曾家村，在千余年的迁徙路上，始终不忘曾氏祖训，"孝悌忠信，礼义廉耻，三省诚身，道传一贯"，如曾家村曾氏开基祖曾先公在乌泥港邓姓和李姓两村打长工时便是以此立足。曾氏族人依托曾家村优美的自然环境资源和优越的水陆交通优势，发展农商，培养子弟，最终成为一个农、商、儒并重的传统村落。流淌千年的泸溪河不仅见证了曾家村的繁荣与兴盛，而且也见证了曾氏子孙一代又一代在传承着先祖的家风与善行。

槎水泛舟

丰城市 白马寨村

"白马寨"之名由来，地方志及家谱材料记载比较多，据《大明一统志》《丰城县志》及《上点杨氏族谱》等记载，东晋（317—420）时有3位神人（王、郭二仙和浮丘公）乘白马驻足村前塔岭山，此后乡人建白马庙以祀，其山得名"白马山"，村在山下得名"白马寨"。

南宋咸淳年间（1265—1274），杨桂（少五郎）自江西省吉水县涊塘杨家庄（杨万里家族所在村庄）迁白马寨开基，先居港北梨树下，后跨溪迁港南乌柏塘。明以后称"上点"，清以后称"白马寨"。

明中期以后，白马寨得到较快发展，清代乾隆时期，逐渐产生著名的"白马商人"。白马寨著名人物有明代尚宝司卿杨应祥、清代进士杨祖兰、举人杨廷言、

白马寨村老屋池塘

白马寨村石雕

武进士杨金诰父子祖孙以及在湖南常德一带经商的白马商人群体等。近代及当代著名人物，有民国时北京大学毕业生、众议院代秘书长杨桢等。

白马寨位于江西省宜春市丰城市南部15公里张巷镇境内，处丰抚公路旁，槎溪水穿村北而过。白马寨所处的丰城至抚州省级公路，旧时为南昌府到抚州府的官马大道，因此白马寨地理位置和军事地位极为重要。清代咸丰、同治年间，白马寨是太平天国军队与清军反复争夺的要塞。抗日战争时期，这里曾是中国军队抗击日本侵略者的战场。可以说，在传统军事年代，白马寨扮演着重要角色，为中国革命立下了重要功勋。

走进白马寨，可以发现建筑群总体布局是以一条斜贯村中的所谓"龙脉"为主线，所有建筑依据此线相背而向，即一半建筑朝西，一半建筑朝东。白马寨古建筑群首先考虑与周边环境的相互协调，表现在主体建筑与山水结合。远处的塔岭山、凤山（鸡公脑）为低缓"案山"，发源于此的两条小溪萦带而来，在窑湾附近结聚交汇。村前后还有池塘数处（门前塘、曾婆塘等），给村落空间小环境调节适当的温度和湿度，同时这一方向视野开阔，有良好的构景条件。村北朝东建筑则以槎溪为"来龙"，以金印山和远处的株山为"案山"和"祖山"，形成两套各自独立而又相互呼应的完整体系，使白马寨拥有适宜的小气候、小环境，为村民生活起居和农业生产带来很大便利。

白马寨村共有 2300 余人，主要姓氏以杨姓为主，兼有少量叶、范、吴等姓氏。现存古建筑 80 余处，遗有 100 多块石匾、木匾，字体有行、隶、楷、魏、篆及钟鼎文等种类，有"匾额书法艺术馆"之称。白马寨古宅大门建筑形式丰富多彩，有一字门、八字门、拱券门、贴壁垂花门、牌楼式门、复合式门等数种，尤其以石雕见长，搭配和谐，栩栩如生。

白马寨之战

白马寨之战是抗日战争时期发生在江西境内一次比较重要，影响深远的抗日阻击战。1942 年 5 月至 8 月，日军投入 7 个师团的兵力发动了"浙赣战役"，旨在破坏浙赣两省的机场，打通浙赣铁路全线。5 月，东路日军（第 11 军）在南昌附近集结，兵力约 4 万人，分两路南下，以接应从浙江方向进攻衢州、上饶的日军主力。国民党军第五十八军于 6 月 2 日从湖北红安奔赴丰城，即以新十师，新十一师一部守备县城，阻击日军南下，主力部队驻兵白马寨、张巷阵地，江西保安部队第九团协守张巷钟城山，白土仙姑岭及株山一带。

日军右路南下部队约万余人，于 6 月 4 日到达丰城外围后，随即分三路向白马寨及桥东一线国民党防线发动进攻。6 月 4 日下午两点前后，日军在桥东方面受到国民党第七十九军顽强抵抗，国民党军暂编第六师回到桥东及白马寨附近，配合白马寨主战场。5 日，敌先头部队与我警戒部队交火于白土圩。6 日，大部队敌军猛攻白马寨，企图打通前往抚州的道路，达到与浙江方面日军会师的目的。

日军除正面进攻外，一方面利用舰艇从抚河驶入丰水，切断白马寨外围增援；另一方面以步兵、坦克组成的大股部队，由大毛塘迂回白马寨左侧，向我军前后夹击。我军顽强抵抗，奋勇拼杀，在白马寨阵地血战 3 天 3 夜，使日军付出惨重代价，极大地延缓了敌军的作战计划。当发现日军已被迫绕过白马寨转犯崇仁、临川后，遂留一部坚守阵地，主力转移到桥东、秀市；不断袭扰日军。其中第十师奉命协助第四军进攻临川抚河东岸之敌，新十一师调三江口、李渡一带警戒。7

月 5 日，日军由 2000 余人组成的步兵、骑兵、炮兵联队突然占领淘沙苟芳圩，又有敌军 2500 余人经坪阴攻秀才埠，一部由白土圩向白马寨方向前进，顿时全线吃紧。国民党第九战区司令长官薛岳急电命令第五十八军军长孙渡率部回防荷湖一带，6 日夜，新编第十师师长梁德奎部与敌主力第六师团第十三联队发生遭遇战，激战一昼夜，歼敌 600 余人。新十一师师长鲁道源部前来接应，8 日，孙渡率主力在老圩浃溪桥击溃敌军后，薛岳电令各部追击北窜之敌。孙军追击日军于白马寨，敌掩护部队 500 余人在此顽抗，同我军激战两小时，终向北溃逃。12 日，孙军向三江口猛进，13 日逐北至大港口、三江口一线，顺利完成了第九战区赣江大会的作战计划，有力配合了赣东大会战的进行。7 月下旬，日本大本营下令停止作战，日军开始撤回，浙赣战役结束。

1800 年前，塔岭山迎来了 3 位骑着白马的神仙，他们不仅给白马寨带来了仙气，而且给白马寨带来了人丁兴旺。流淌千年的槎溪水，不断见证着白马寨人的发展，它是白马寨的龙脉所在，白马寨人依托龙脉，经商致富，"春田遍野，夏屋连云，家有包箱，外典有肆"，形成了闻名遐迩的"白马寨商帮"和"白马寨商帮文化"，他们坚持勤俭而不尚奢华、重义而轻利的人生信条。翻阅史料可见，白马寨商人在经商过程中所表现出来的创新精神、进取精神、实干精神、团队精神和诚信意识、和谐意识，不仅是他们在 100 多年创业历程中始终立于不败之地的可靠保证，也是后世商人学习借鉴的典范。

赣抚玉带

丰城市
厚板塘村

　　厚板塘名称由来与当地流传的一个动人的故事有关，即"毛氏贤夫人投井谏夫，涂敬孚悔悟厚板盖井"。据传，厚板塘村在过去是一片田地，村中有涂姓两兄弟，老大叫涂守孚，老二叫涂敬孚，因为老二丈人绝了后代，所以把这块地给了女婿，于是老二从邻村住进了丈人留下的屋子里。涂老二靠丈人留下的 10 多亩田地，雇上几个老表代种，放租养佃，自己洗脚上岸不干农活了，天天懒洋洋地东游西逛，游手好闲。最后不知哪个家伙看中了他的田产，极力拉他去赌钱，开始涂老二还

厚板塘村

犹犹豫豫的，但经不住连连赢钱的诱惑，一下子就陷进去了，天天混在赌场，家里人有时几天不见他的踪影。

这下涂老二妻子毛氏可着了急，毛氏嫁给他，本是看中他有几分力气，为人也勤快，哪知自从继承了她父亲田屋财产后，丈夫竟变得如此懒惰，每次苦口婆心劝他都当耳边风，现在赌博把田地房子都要赌光了。

一次涂老二又要出门去赌，毛氏一眼就看到他怀里揣着房契，赶紧扔下手上的农活，拦住涂老二去路。涂老二慌慌张张夺门欲出，毛氏哭着拖住他的衣服，骂他说："咱们只剩这间屋子了，你还去赌吗？到时候片瓦不存，人家来拆屋赶人，我们一家老小可怎么办啊？"涂老二不听，掰开毛氏的手就要去赶场子，毛氏绝望地说："你还不醒过来，我们一家全都去死算了，到时候看你怎么办。"涂老二哪里当回事，兀自跑掉了。

毛氏回房，嘤嘤地哭了一整天。到晚上掌灯时分只听见屋后水井里"扑通"一声响。邻近的涂老大两口子听见门口有哭声，开门一看是七岁的侄子坐在地上哭。老大两口子就问怎么回事，老二儿子哭着说，他妈妈今天哭了一天，刚才打发他来找大伯。老大一听大惊失色，急忙赶到井旁，见毛氏投井自尽。涂老二全然不知家中变故，他把田地房屋已全赌光，在店里赊了点酒喝得醉醺醺回家，却远远看到家里灯火通明、人声嘈杂，心想家里真出什么事了。他踉踉跄跄进屋，拨开人群，却见妻子已死。涂老大顾不得平日苦劝不听而断绝来往的兄弟情面，怒气冲天过来，一巴掌打在呆苦木鸡的涂老二脸上，把个涂老二打得跌坐在地上，然后"哇"地一声哭起来，扑向妻子的遗体，捶胸顿足，真是后悔不及。

一贫如洗的涂老二埋葬了毛氏，他像换了个人似的，天天拼命干活，心中的悔恨比井还深。涂老大看他已改过自新，就帮他借了点钱把房子一点一点赎了回来，涂老二从做佃农开始，天天不作声，只是干活。到他60多岁时，终于挣回了田地，他终生未再娶，时常独自到井边痛哭。临终前，他把子孙都叫到床边，断断续续地向他们讲他们祖母的故事和自己的过错，告诫他们一定要吸取他的教训，不可做败家子孙。后来他的子孙们在井口盖上厚板，不在此汲水，这则投井谏夫的故事则作为家训代代相传，所以这个村子也叫"厚板塘"。

厚板塘古屋大堂壁柱

　　厚板塘村始建于明代宣德年间（1426—1435），开基祖涂守孚、涂敬孚两兄弟率子孙由丰城正信乡五坊六十七都甘棠茶叶巷徙居厚板塘村。厚板塘涂家在甘棠"十八涂"中，历史算比较短的一个，人口也不是很多，但名气之大，可以和邻村两三千人的北下涂家相媲美。厚板塘涂氏之所以有如此地位，为人称道的不仅是这里出了有名的"涂近仁堂"药老板，还有规模宏大、结构精巧的古建筑群。因此厚板塘被誉为"江南小瀛台"和"江西刘文采庄园"。

　　厚板塘建村之初，村中弟子大多业儒。涂守孚四世孙涂日光任广东三水县巡司3年，后因不满官场习气，辞职回乡，掌管族中事务28年。他秉承先志，建宗祠，修族谱，重教育，为厚板塘村的发展奠定了基础。涂日光长子涂望之任广东惠州府归善县（今广东省惠阳县）主簿，署归善县知县；次子涂登之为理州（今云南省大理县）仓大使；三子涂行之为福建漳浦县云霄驿宰。涂敬孚六世孙涂必懋任江苏沛县主簿，后因疏浚河道有功，升至工部主事。

　　清乾隆年间（1736—1795），厚板塘涂氏开始经商。涂敬孚11世孙涂尔有因家境贫寒，到福建经商。致富后又回到家乡，广置田产，兴建房屋。清嘉庆至道光年间（1796—1821），涂守孚12世孙涂士良先业儒，后为生活所迫，跟随同乡堪头村一小商帮头王老大到湖南衡州府做服装生意。涂士良依靠勤奋和智慧，在衡阳衣布业和药店博得一席之地。此时，涂士良遇到杨键，结为挚友。后杨键官至兵部侍郎、都察院右副都御史、湖北巡抚。有了杨键这个强大后盾，涂士良在衡阳如鱼得水，生意越做越大。厚板塘村也随着涂士良在衡阳商业的发展进入兴盛期。清道光至光绪年间（1821—1875），涂士良率领长子涂若拔、幼子涂若灿在衡阳创办了自己的商业字号"近仁堂"，经营项目除成衣业、布业外，扩展到典当业、钱庄业，雇佣员工100余人，成为当时衡阳最具影响的商号之一。涂士良被称为"江西老表王"。涂家父子先本业儒，对缺笔少墨的穷困秀才尤为同情。当时正处在极度没落期的穷秀才衡阳人彭玉麟便得到了"近仁堂"的接济，涂士良的幼子涂若灿更与彭玉麟结为金兰之交、拜把兄弟。后来彭玉麟官至水师提督、两江总督、兵部尚书，在政治上、经济上给予"近仁堂"很大帮助。彭玉麟巡阅长江水师10余年，一度将长江水师军饷交由"近仁堂"代管，使"近仁堂"得以从中获取丰厚利润。滚滚财源从衡阳不断流到厚板塘村。涂士良在清道光甲午年

厚板塘村巷道

（1834）从衡阳返乡后，开始大兴土木，并对全村道路、周边环境进行了规划建设，引新塘湖水田村西而南而东。徐若拔三兄弟于咸丰年间（1851—1861）独自捐资数万两白银，历经10年寒暑，主持修建了本县大港口桥、风山桥（现均毁不存）；修筑了厚板塘村西至筱塘圩（现为筱塘镇）、东南至白土圩（现为白土镇）共计10余公里的青石板路；捐修了村东南的大嵊山庙。涂士良父子也因彭玉麟的保荐，捐得通奉大夫、中议大夫，成为远近闻名的"顶戴商人"。此时，厚板塘村进入发展的鼎盛期。时至今日，厚板塘村还保留大小古建筑30余栋，面积4216平方米，厚板塘因此入选"江西省首批历史文化名村"。

厚板塘位于江西省宜春市丰城市筱塘乡西南部，古为丰城县正信乡五坊六十七都，距丰城市区17公里。

村庄地处赣抚平原地带，东南西三面环水，分别为袁氏塘、月塘、吴氏塘，东面港汉直通丰水河和赣江。池水荡漾宛如一条玉带绕着村庄，春天荷叶一片翠绿，水鸟、蜻蜓点缀其间。远处以大嵊山和株山显现于眼前，满眼青翠，近处是稻田与庄稼，整个村庄如同一幅典型的江南田园风光画。有诗云："一江西水流东塘，七星伴月在前堂。鱼鸟花木四季香，万只白鹭宿树上。"

厚板塘村现有大小古建筑30余栋，面积4216平方米，由"近仁堂"建筑群组、西北部的"慨慕古风"居、中部的"玉帛遗徽"居组成。坐北朝南，由西向东一字形排列，成横向；一排之后又一排地如此展开，又成由南往北纵向排列，为纵向。在建筑外观上，"近仁堂"建筑群组由西向东，依次设有"进士第""侯祚东绵""丛桂流芳""大夫第""通奉第""文林第"六组建筑群，成南北向长方形。纵向最长的宅子有六厅之多，里面既有大小十二天井的富贵主人居室，又有一进一厅的普通民房，还有下人的马房、油房、船房、书房、祠堂、佛堂等。

"丛桂流芳"以东是村子三大核心建筑，它们从前至后，主体建筑都是六进，呈前低后高之势。位于建筑群东南的逊守公祠较整个建筑提前一进，突出开居世祖涂敬孚、涂守孚两兄弟在村中的地位。北面和西面则为村民住房，整体建筑由比地平面高出1.7米的围墙环绕四周，是为了保持房屋干爽、防患水涝。

古宅建筑结构合理，拥有完整的下水道体系，在每座天井南侧都有一个井式水净化池，生活污水、雨水分别流入净化池沉淀、净化，然后经下水道流出进入古宅前的水塘，下水道均为暗道。这一净化池装置不但保证了下水道历经100多年不堵，还确保了古宅前的3口水塘无污染之忧。

"元宵救千金"

清道光年间（1821—1850），涂士良在衡阳府里开了一家药店，生意挺不错。有一年正月闹元宵，衡阳府城大放烟火，花灯堆成了高高的"鳌山"，衡阳老百姓全都倾城而出，看灯的人把大街挤得水泄不通。涂士良带着一家老小在七八个伙计保护下在人群中观赏花灯和焰火，兴致正浓时，不知哪个人把炮仗射到了鳌山上，几百个花灯"澎"的一声全烧着了，还引燃了周围一圈的焰火，焰火"嗖嗖"地射向四面八方，人们惊叫着四散奔逃。

厚板塘村老宅外景牌匾

涂士良一家离失火地较远，他一边镇定地让家人退到安全的地方，一边朝鳌山方向张望。只见鳌山边火光冲天，映红半个衡阳城，却看见地上一位千金小姐打扮的人，可能是被人撞伤了，坐在地上直哭，一名丫鬟扶着她哭，两人看到火势凶猛，已渐渐延烧过来，已吓得魂飞魄散，瘫软在地动弹不得。见到这般危急情况，涂士良令手下冲到远处两人边，把她们救出火海。又将妻女的轿子抬过去，将那位小姐接回店中安顿。涂家上下都在安慰那位惊魂未定的小姐，涂士良则问清住处，由那随身丫鬟领着，拿着自己的名帖去通报平安。

话说这位千金不是外人，正是衡阳府内鼎鼎有名的朝廷重臣兵部尚书杨键的掌上明珠。杨键在家休假，拗不过女儿的请求，让丫鬟陪她上街看看花灯就回来，谁知灯山失火，成百上千的人被挤伤踩伤，杨尚书心急如焚，倾家而出找寻女儿，杨夫人更是号啕大哭，生怕女儿有个三长两短。杨尚书看见寻死觅活的夫人，而家丁一个个空手而归，心里十分焦虑。正在此时，一个家丁喜形于色地进来通报，说是药行近仁堂的涂老板救了小姐，眼下小姐十分安全，正遣人来通报。杨家上下十分高兴，杨尚书吩咐马上备轿，到近仁堂迎接女儿。涂家早已打开大门恭候多时，两下会见，杨键自然对涂士良感激不尽，当即就要以金银相赠。涂士良婉言相谢，并将调养药物送上。杨键欢天喜地，迎着女儿回家去。

开基建村 600 年，从时间上来看，厚板塘历史并不算悠久，但投井谏夫的先祖故事和富商涂士良"元宵救千金"的壮举却使得厚板塘村成为道德的典范，厚板塘村涂氏先祖也成为世人楷模。涂氏家风代代相传，孝父母、友兄弟、敬伯叔、和夫妇、慎交友、训子弟、睦宗亲、敦伦纪、行恭逊、言忠信、恤孤寡、安本分、事亲从兄、和邻睦族、存心积德、耕田读书、勤俭持身、忠恕为怀、温良接物、严肃齐家、持公秉正、排难解纷等等。这些看似简单的家规族训，早已印刻在厚板塘每一位涂氏后人心中，也正因为此，厚板塘涂氏能做到知书明礼，清白做人，在家他们向来勤俭持家，尊老爱幼，家庭和睦，邻里相亲，保持家庭兴旺，族内团结。出外他们一直诚信经商，从而发家致富，家道殷实，这也是涂家能长期保持兴旺的重要原因。

袁水之畔 樟树市姜璜陈村

　　姜璜陈村为陈氏单姓聚居村落，故俗称"陈村"。姜璜之名，据村民介绍，因村庄形似"姜"，又似半璧形的"璜玉"，故称"姜璜村"。

　　姜璜陈家历史悠久，据《垅上陈氏族谱》记载，"陈氏发源于江州义门，由义门而支分垅上，由垅上而支分姜璜，由姜璜而支分窑里，自此以似以续，寖炽寖昌"。由此可知，姜璜陈氏发源于义门陈氏后经两次迁徙，才定居于江西樟树市临江镇姜璜村。全村现共有80户，310人，迄今为止仍为单一陈姓村落。

　　垅上陈氏开基祖陈贞良为江州义门第十九世孙陈泰之子，宋绍兴二年（1132）进士，授宁国府旌德县知县，陈贞良之子陈子颐为南宋庆元元年（1195）进士，后任新喻知县，因喜爱新喻泗溪垅上山川风物之美，遂定居于此，之后繁衍为新

姜璜陈村

姜璜陈村街道

余望族大姓。姜璜陈氏由新余垅上陈氏分衍而来，元代初年，垅上陈氏第六世祖陈廷用徙居清江县姜璜村，姜璜陈村已有700多年历史。

陈村目前仍存有近20座古建筑，包括陈氏宗祠等13座明代古建筑，布局错落有序而又富于变化。古村公共设施较完备，村内巷陌纵横，古树、古井、古塘并存，祠堂、庙宇、街市并立，展示了丰厚的历史文化内涵。所以姜璜陈村是一座保存较为完好的风情村落，为中国传统社会农、儒、商、医并重的，有丰富人文历史信息的标本之一，为清江"药都文化"的典型缩影，被授予"全国敬老模范村居"等荣誉称号。

姜璜陈村区位条件优越，位于江西省宜春市樟树市中部临江镇境内，距临江镇6.5公里，距樟树市区27公里，属于鄱阳湖平原边缘区，紧邻吉泰平原东北，滨赣江支流袁水西岸。

陈村历来水陆交通发达，村北为临江镇，临江历来是"舟车孔道、四达之地"。村东紧邻赣江支流袁水，距离袁水的直线距离约两公里，传统社会江西重要的陆路交通要道广东官路和袁州大道均从西侧穿过，江西境内最早的铁路浙赣线也从西侧而过，此外，新修的沪昆高速、樟吉高速从旁而过。这些便利的交通条件，为姜璜陈村的商业发展奠定了基础。

姜璜陈村北面有姜璜街，同治《清江县志》记载"姜璜圩，在城南十里，属建安乡五都二图"，姜璜圩即是族谱中所标的姜璜街。街道长约两三百米，街中央路面铺石板，石板两旁再铺立砖。街两旁店铺林立，昔日非常繁华，周边村民逢赶集之日，都到此买卖。据村中年长者回忆，以往姜璜街铺户数十家，街上摩肩接踵。县志记载，清中期捐谷设置社仓，谷物分十八地收贮，这18个地方都是街市，其中五都总仓即在姜璜街二教祠旁，这从侧面印证了姜璜街市的繁华。

姜璜陈村祠堂

尊儒崇仕

姜璜陈村自建村以来，陈氏族人先是借用优越的地理条件经商致富，然后走读书业儒入仕之路而使家族兴旺发达。姜璜陈村紧邻商业市镇临江镇，商业氛围浓郁，在这种环境氛围下，姜璜陈氏外出经商之风盛行，并且一直延续至今。姜璜陈氏家族中经商具有人多、地广、父子相袭、农商兼习等特征。陈氏家族重视本族子弟读书科举事业，族内设有学官，吸纳族中子弟入学；对于因家境贫寒而无力攻读者，陈氏宗族专门设置膏火钱进行资助，以使"书香不乏，家声永振"。尊儒崇仕的氛围激发了乡人进取科举功名的热情，南宋以来，陈氏科举入仕者也不乏其人。据《陈氏族谱》不完全统计，姜璜陈氏这支科举业儒人物有所成就者多达27人，其中进士6人，庠生、贡生等21人。

数百年来，承袭于江州义门陈的姜璜陈氏始终秉承着先祖们留下的家规族训，"崇勤尚俭，爱亲敬长、睦族和邻，秉公持正"。在此基础上，姜璜陈氏逐渐形成自己的特色家训，有男子四箴、妇人四箴、居家八则，尤其居家八则内容——常思卑贱不耻愚蒙见笑之羞，自不敢不勤读书；常思饿寒迫身乞贷无门之苦，自不敢不节财用；常思祖业艰难兴废轮流之速，自不敢不操苦心；常思天理昭然因果无差之报，自不敢不存善念；常思福泽有限受享终至折磨，自不敢不甘澹泊；常思人命肥薄疾病无穷痛苦，自不敢不惜精神；常思祸患一朝生出许多烦恼，自不敢不除刻忌；常思邪佞一至送却许多身家，自不敢不远小人，不仅逐渐成为陈氏家族在传统社会的基本行为规范和处世准则，而且不少优良的训诫直至今日仍为陈氏子孙所遵循，成为极为珍贵的精神遗产。

抚河重镇

金溪县
浒湾镇

　　"浒湾"之名由来甚多，较为权威的一种说法称这里曾是抚河上的一个由官府兴建的重要渡口，名为"金官渡"。由于许氏最早迁居此地，因而称为"许湾"。从相关文献可知，自明清以来，直至20世纪20年代末，"许湾"地名在官方文书、各级地方志和名人诗文著作中广泛使用。而最早使用"浒湾"应该是在嘉庆时期（1796—1820），道光六年（1826）《金溪县志》中开始了"许湾"和"浒湾"的混用，20世纪特别是30年代后，浒湾逐步替代"许湾"成为新的"标准地名"，但当地民众依然将"浒"读音为"许"。清中期后，因浒湾迅速崛起成为赣东地

金溪县浒湾古镇俯瞰图

区名镇，商业繁荣，尤其是书肆业发达，"浒湾"地名逐渐广泛见于当地书肆堂号刻本的版记中。"浒湾"版刻书热销亦使"浒湾"之名逐步传播开来。

据浒湾镇《许氏族谱》记载，南宋绍兴（1131—1162）后期浒湾许氏一世祖许文焕从抚州大臣巷迁居于此，但发展一直不是很兴旺。《金溪县志》记载，明代初期浒湾镇还只是一个小渔村和小渡口，当时只有距此2公里的古竹街有市集，后来才因"舟楫辐辏"，逐渐发展成为街市，并由抚州府设置了"府幕"一员在市上"算商征税"，导致商贾受扰离去使得市场萧然，直到万历三十五年（1607）由知县丁天毓申请撤销，实施定额税，浒湾市场重新恢复繁荣。

浒湾镇被誉为江南书乡，有句流传甚广、妇孺皆知的民谣"临川才子金溪书"，"金溪书"就是指浒湾的雕版木刻书，人称"赣版""江西版"，享誉华夏大地，有"籍著中华""藻丽嫏嬛"之誉，时称"药不到樟树不灵、纸不到浒湾不齐""书非赣版不放心"。清代，浒湾成为全国四大刻书中心（北京、武汉、浒湾、四堡）之一，闻名遐迩。如今浒湾成为"中国历史文化名镇"，蜚声中外。

浒湾位于江西省抚州市金溪县西部，紧傍抚河北岸，距县城、抚州市均为24公里，东邻琅琚镇，南靠抚河，与临川嵩湖镇隔河相望，西与临川湖南镇接壤，北与琉璃乡毗邻。全镇有10个村委会，69个自然村，人口2.8万，总面积70.6平方公里。

浒湾所处抚河段水势平缓，便于航船，四乡物阜，利于货殖，因而交通十分便利，前濒抚河，后通驿道。水路上可达抚河上游的广昌、南丰、南城，下通抚州、南昌、九江等地。抚河码头长年停靠各类船只，货船可通赣江直达长江，自古经济繁荣，素有"江南重镇"美称。清代道光举人徐朝玺《登灵谷》诗云："云林凭锁钥，临汝控东南。"

据道光二年刻本《重订商贾便览》记载，浒湾是当时江西乃至南方的一个重要商业枢纽，主要有3条水陆路交通路线：一是浒湾至南昌的水路，二是福建建阳经邵武至浒湾的水路，三是浒湾由抚州至樟树的公路。区域交通的优势，使金溪印刷业经营范围不仅仅局限于本省，而是以浒湾为中心向周边省份，乃至全国

范围内辐射，极大地推动了浒湾的兴起、
发展并走向繁荣和鼎盛。

抚河浒湾段

浒湾坐落于赣东中部，处于抚河冲积
平原核心区，地势东西高，中南低，东、西、
北三边为山丘地带，中部为平岗和田畈，
南部为抚河冲积小平原。其东疏山和大仙
岭（旧名接云峰）并立，构成古镇一座翡
翠屏风；其西灵谷山耸立，成为金溪与临川的分水岭；其南抚河如一匹白练蜿蜒
穿越于平原之中，境内长达 17 公里；其北古金（溪）临（川）驿道（今 316 国道）
从镇旁穿过，道旁是 1958 年兴修的赣东最大灌区工程——金临渠水利工程，横跨
金溪县和临川区。

浒湾环境优美，自然资源丰富，尤其是与刻书业密切相关的竹木资源极为丰富。
如竹类有紫竹、麻竹、苦竹等 9 种，木类有松、柏、樟、桐等 25 种之多。同时，
盛产纹理较细的木材如黄杨木、梨木、枣木、樟木等，这些成为浒湾雕版的原料首选。

浒湾书商

由于书业忌火，江西书商因此在北京琉璃厂东门路北建文昌馆祀火神，拜祭
文昌馆和火神庙，并将之作为同乡相聚的重要一项活动，拒绝外省书商的参与，
由此引发矛盾冲突。到光绪中叶以后，河北冀县、衡水等地业书者增多，于是另
行在小沙土园修建北直文昌会馆相抗衡。孙殿起《贩书传薪记》（《琉璃厂小志》，
北京古籍出版社 1982 年版，第 196 页）中描绘了当时的情状：

"按前清咸同年间，琉璃厂书肆，经营者江西省人居多数；向在琉璃厂东门
内路北，建有文昌馆，每逢二月初三日文昌诞辰，前往拈香。彼时交通不便，其
故乡子弟，因路还，来者甚少，故所收学徒，北直冀县属人居多。光绪初年，冀

属人有到文昌馆拈香者，尝被江西人阻止进内，声称非江西人不得加入。"

浒湾书商还在湖南省开办书坊，其中名气最大的当属衡阳的三让堂，由陈坊城湖村吴会章于乾隆初期开设，其后历经其子吴启源、孙吴晓堂等几代人的努力，虽中途遭遇火灾，但不久得以恢复元气，并于道光六年（1826）在长沙开设了分店，直至清末科举废止才衰败，历时近200年。

浒湾书商与福建建阳保持着密切联系并受其影响，所刻印的书籍内容、形式及布局都与该地崇化县有许多相似之处，如浒湾有"洗墨池"，崇化有"积墨池"；浒湾有"籍著中华"门楼，崇化有"书林门"等。在福建建阳的《谭阳熊氏宗谱》中就有熊氏后裔将"书板数部俱出售浒湾"的记载。此外，随着清代四堡刻书业的崛起，一些浒湾的书商也在四堡开设了一些书坊，或特意派人到当地求购转运到江西各地贩卖。浒湾书商的足迹也遍及南京，其中以唐氏的世德堂、富春堂、文林阁、广庆堂和周氏大业堂等为代表，为当地著名书坊。

清代浒湾书商到成都开设刻书铺，并具备相当大规模，在当地刻书业界内享有较高声誉。最为著名的当属周舒腾开设的"尚友堂"，将刻印的书销往湖广、

金溪浒湾镇新牌楼

江浙和广东一带，并转购当地书籍回四川销售，获利颇厚。还有一些如"肇经堂""玉元堂"等以"经""元"命名的书铺，当地人称为"经元八大家"。

传统时代，浒湾"因水而兴、因书而旺"，优越的自然环境和区位地理、水运与驿道叠加的便利交通条件、农耕与林业资源的丰富成为浒湾镇兴起的外在环境基础。临川才子之乡的文化生态、传统手工商业尤其是刻书业的发达则是浒湾镇兴旺的内在前提和保障。

迈入新时代，浒湾的水运优势不再，浒湾的刻书事业不再，这不得不说是传统与现代转换的结果。幸运的是，当今浒湾后人愿意将先祖们创造的刻书事业再现于世。2011年，由浒湾籍人士、现广州家和集团总裁熊文辉先生捐资1000万元修建景观桥，连接316国道与书铺街景点的重要通道，全长39.9米，宽8米，中间设有2米宽的砖雕铺贴道，展现雕版印刷术的历史。桥梁采用传统的三拱桥式设计，中间大拱为水道，两边小拱为沿河景观带的行人步道。门楼采用榫铆方式构造，长45米，高19米，上方雕有"籍著中华"四个大字，两边立着一对祥兽石雕，周边雕刻具有浒湾特色文化内涵的图案，雕刻精美，古朴典雅，突出了浒湾悠久的历史文化和印刷文化内涵，被省内有关专家称为"江西第一牌坊"。2014年，金溪县政府投资100多万元兴建浒湾雕版印刷博物院，对旧学山房进行了复旧修缮，主要展示浒湾镇宋、元、明、清时期各类珍贵木刻雕版和不同时期雕版印刷的古书藏品，对即将失传的雕版印刷技术的传承和保护将发挥重要的推动作用。

龙湖环绕

乐安县
流坑村

"流坑"之名源于当地之山水，江西省乐安县、宁都县交界处的灵华山下，流淌着碧水澄澈的乌江。乌江在崇山峻岭中逶迤西去，流经流坑，河段蜿蜒曲折，有"天下第一弯"的美称。传说唐末五代堪舆家杨筠松来此相地时，留下"只要水朝庚，依旧好流坑"之语，"流坑"村名由此而来。

流坑为董氏单姓聚居村落，远祖可上溯至西汉大儒董仲舒，近祖联至唐德宗时宰相董晋。唐末因避战乱，董晋裔孙董清然迁居于临川扩源(今江西宜黄县境内)，至五代后梁开平年间（907—911），董清然曾孙董合自扩源迁居流坑。当时流坑尚归吉州吉水县所辖，自南宋绍兴十九年（1149）乐安建县后，流坑村始属抚州

流坑村俯瞰

乐安县管辖。

董氏依赖这方水土精心耕作，同时大兴教育，促成子弟走读书——科举——仕宦之路，宋代达到了极其辉煌的科宦鼎盛时期，名显四方。元代，因屡遭兵祸而衰微。明代，董氏又以科宦复兴和宗族管理的完备有力而显赫，一批族人还成为身体力行的江右王门学者。进入清代虽举业不振，然商业经济发达，尤其是木竹商贸的发展显现另一番兴盛景象。清末和民国时期，流坑逐渐衰败。

流坑董氏人才兴盛，一方面是历代取得了诸多科举奇迹，共产生进士34人，举人近100人，出现"文武两状元""一门同年五进士""父子六人联科""兄弟七人同举"等科举盛况；另一方面是流坑的入仕人数众多，上至宰相、尚书，下至知县、教谕的官职人员达100多人。与此同时，流坑在教育、理学、文学、艺术、医学、经商等方面也人才辈出，并与外界名流有广泛的交往。

流坑村现有建筑500余座，其中明清古建筑260处，且类型较全，主要有住宅、祠堂、书院、戏台、商店、牌坊、楼阁、庙宇等。流坑古建筑体量庞大，布局井然，青砖灰瓦，昂墙翘宇。村中长街深巷，纵横交错；雕塑绘画，琳琅满目；匾额楹联，举目可见；文献古物，众彩纷呈；风俗民情，积厚流远，处处显示出流坑董氏的辉煌历史和厚重文化。

可以说，流坑家族之大，延续之久，科举之盛，仕宦之众，爵位之崇，经商之富，古建之多，艺术之美在江西难寻其二，在全国也甚为罕见。原国家文物局局长张文彬为流坑题书"千古第一村"，可谓实至名归。此后，流坑被列为"全国重点文物保护单位""中国首批历史文化名村"和"江西十大特色美景"等。

流坑村位于江西省抚州市乐安县东南丘陵过渡地带，乌江之畔，距县城37公里。村落面积3.61平方公里。现有近1200多户，6000多人，主要为董氏聚族而居。这是一个历经千年沧桑岁月，有着辉煌历史的大村庄。

流坑村四面青山拱抱，钟灵毓秀，中间一块山间盆地，沃壤良畴，自成天地。

河水沿村东再转而西流，与村内龙湖之水相通。古村周边江岸古木参天，秀竹摇翠，形成山环水绕之佳境。流坑村主体基本保存了明嘉靖、万历年间规整的格局，以"七竖一横"的大巷道为框架，其间以众多小巷相连通，在主要巷道的

流坑村中巷道

头尾均建置望楼，早启晚闭，以加强防御。7条竖巷直对江岸，与码头相呼应，便于引河风入村，确保空气清新。村中排水系统完备，纳天然水与生活用水入龙湖，再引入村外的乌江，天然排污。

流坑三董

董合，唐末五代人，流坑董氏开基祖。五代南唐昇元年间（937—943），由抚州宜黄北源村迁到流坑西北的白泥塘，建村开基。在白泥塘谷箩山社庙内，还存有清代社庙重修碑记，记载了最初建村的历史。不久，董氏又过乌江至中洲发展，即今流坑所在地。董合没有功名，也没有做官，他八世孙董德元官至参知政事，朝廷追封董合为"司徒"衔，被后人尊称为"司徒公"。

董桢，董合长子。据族谱载，董桢"以豪侠自任，时方扰攘，盗贼盈野，乃纠率义勇，保固乡里，贼不敢犯，赖以为济者甚众"。因此，流坑董氏逐渐在流坑村立稳脚跟，并成为当地有势力有影响的大族。董桢因其七世孙董德元位居参知政事而被追赠为"司空"，被后人尊称为"司空公"。

董文广，北宋人，董桢长子，为董氏至流坑第三代祖。文广自幼聪慧，勤奋好学。南唐末，通晓经文的文广正值青春年华，东游金陵，欲求更大发展。但此时李氏衰败，看到都城一片混乱，扫兴而归，感叹道："是不足事，以污吾祖。"北宋建立，结束了五代十国分裂割据的局面，国家复归安定。北宋朝廷加强中央集权，偃武修文，大开科举，重用儒生。在这种情况下，深受吉州地区"序塾相望,弦诵相闻"渲染的流坑董氏族众,再也不满足于耕作之人生,颇具学识的董文广率先涉足科场,于宋真宗大中祥符二年(1009)明法科中选。然而当时年事已高,遂放弃功名回家,3次召为官而不赴任。有心大兴教育,以培养子弟,与其弟文肇商议:"吾等老矣,不可复壮,幸而生见太平,当有子弟以儒名家。"文广这一想法得到了文肇及族人的赞同,遂倾其家产创办桂林书院,纳贤才,招学徒,在外的弟子也都回到流坑读书,村中崇文重教蔚然成风。

董文广兴教,恰好遇上了北宋大开科举广取文士的好时机,流坑的学习条件较为优越,得到良好教育的董氏子弟得以在科场上一逞所能,数年后即成效斐然。北宋大中祥符七年(1014),其弟文肇的4个儿子董滋、董湘、董渊、董淳全都中举,次年董淳首登进士第,董氏子弟倍受鼓舞。从此,流坑董氏"登科之儒,累累相续",并且出现了四五人同中进士和六七人同举的盛事。仅北宋一朝,流坑董氏就有进士15人,举人五六十人,因而仕路大开。董文广兴学重教,培育子弟,为家族振兴做出突出贡献,实为流坑董氏兴盛的开创者和奠基者,受到族人崇敬,皆尊称他为"明法公"。

五代后梁开平年间(907—911),董氏开始定居流坑,并依赖这方水土精心耕作,同时大兴教育,促成子弟走读书——科举——仕宦之路,于是宋、明两朝产生了一批读书人。元代大儒吴澄撰写董氏谱序是现存最早的流坑村概貌记载,当时的流坑俨然已是显赫一方的大族。明代嘉靖、万历年间,又出现了以董燧为代表的江右王门学者群体,身体力行,大力建设宗族组织,修谱建祠,订立祠堂祭祀和讲学体制,进行有理论指导的乡村教化和赋役制度改革,村容村貌有了基本规制和文化表述,影响深远。明代万历末年地理学家徐霞客路过流坑村,记载为"其处阛阓万家之市",流坑历经千年沧桑岁月,向世人展现辉煌的历史。

20世纪90年代,流坑村开始"被发现",先是时任中共江西省委宣传部副部长周銮书教授得知流坑村的存在并前去参观,随后写成《初访流坑村》一文,1996年11月19日《光明日报》以"江西千年古村流坑,中国古代文明缩影"为题独家报道,引发巨大反响。此后,流坑便受到各方面关注,逐渐成为"千古一村"。今日的流坑董氏正积极保护先祖留下来的传统,为乐安、为江西,也为世界保护好流坑村这份宝贵的文化遗产。

泷江通衢

吉水县
桥上村

桥上村原名"桥南村"，据《桥南罗氏族谱》记载，村旁为源出于江西省兴国县天心坪山的泷江河，河上建有桥，村庄在桥的南面而得名"桥南"。近几十年来，当地村民又逐渐将"桥南"改为"桥上"。

族谱记载，宋熙宁年间（1068—1077），罗氏祖先继昌公居南昌，后任吉州教授，继昌公公务之余到泷江游玩，坐船从吉州城逆泷江而上到达今桥上村境内，当他停船休息时，非常喜欢桥上村泷江两岸的秀美山水，便想搬至此地，但囿于各种

桥上村俯瞰

原因没有实现。南宋初年，继昌公儿
子济民公和济川公兄弟完成父亲遗愿，
搬到桥上村居住，从此罗氏家族在此
繁衍生息，迄今将近 900 年。桥上村
主要以罗氏为主，但也有其他姓氏。
族谱记载："桥南不一姓，最著为罗
氏，巨族也。""白沙为吉水一大区，
环区而居者不下数千户，而要以桥南
罗氏为最著。""黄罗二姓，同乡共井，

桥上村泷江河

亲如兄弟，代代有联姻之好。"据当地村民介绍，黄氏家族是明代迁居桥上村南部，
但数百年来黄氏家族人丁一直不是很兴旺，繁衍至今也只有几户人家，邱、周、曾、
李、郭等姓则为中华人民共和国成立后搬迁至桥上落户的。

罗氏家族历经沧桑，先后在宋末、元末、明末和清末太平天国时期饱受战乱
之苦，几乎每一个朝代的更迭都给桥上村带来灾难。村内人口每经历一次战乱都
急剧减少，幸存下来的村民有的迁往外地，部分祠堂、民宅、族谱等也都在战乱
中被焚毁或遗失。但罗氏家族却坚韧不屈，在桥上村一代又一代的休养生息，据
族谱记载，在明代正德年间（1506—1521）全村有 300 多户人，人口以千计。桥
上村现保存较好的清代建筑 14 处，民国建筑 2 处。村里有口古井，当地称"仙人
井"，千余年来一直哺养着整个村庄。村里古樟树连片生长，粗略统计有 16 棵，
而以村南边的古樟最为出名，相传为村里的龙头树，有千年历史。桥上村中以一
条主道即古街贯穿南北，古街两旁有保存完好的古祠堂 8 处，古庙 1 座，街道两
边有很多窄巷，巷道再向两边伸展，连接着 7 处古民居。有着如此厚重的历史和
众多的传统遗存，使得桥上村入选"江西省历史文化名村"和"中国传统村落"。

桥上村位于江西省吉安市吉水县白沙镇，属于赣中腹地，吉泰盆地。村庄处
于泷江东岸，北面是其他村庄，西面和南面是农田，临近村庄东面是一片低洼地
和小山包，再往东为大片农田。整体地势较为平坦，局部地形稍有起伏。村落占
地面积约 0.3 平方公里，人口 720 人，209 户。

　　桥上村自古交通区位优势显著，位于吉水、永丰、青原区三县交界处，东连螺田镇，南界永丰县潭头镇、罗坊乡，西邻吉水县水南镇，北接吉水县白水镇。村庄西面的泷江是传统时代的水上交通要道。泷江，又名孤江、潇泷江，为长江流域赣江东岸最大支流，风景秀丽，有"江西漓江"之美誉。北宋著名文学家欧阳修故里就在泷江边上，他曾写过脍炙人口的《泷江阡表》。泷江源出兴国县境良村上天心坪山西岭，流经永丰县龙冈、潭头，流至吉水县南坪与沙溪水汇合，经吉水县白沙、水南，从水南与青原区交界处的龙王庙入青原区富滩镇境，汇入赣江，主河长 148 公里。

　　桥上村北侧为南湖村古商铺群，中央古巷原为吉安至兴国的古道，西侧为老古崇公路、东侧为规划新古崇公路。桥上村被誉为"下达潇泷，上接沙溪，实属往闽走粤之通衢"。据村中老人回忆，他们小时候经常可以看见来自永丰县、兴国县的商贩、挑夫经过此处，并在此歇脚。从桥上村北侧的南湖村保留许多古代的商铺以及万寿宫遗址来看，桥上村以前是商贸重镇。桥上村许多民宅和祠堂墙砖上面都刻有砖铭文，起宣示地界的作用，进一步说明了桥上村古时候外地人多，商贸活动频繁。

　　桥上村现保存较好的清代建筑 14 处，民国建筑 2 处。尤其是清代古祠堂非常多，村中以一条主道即古街贯穿南北，古街两旁有保存完好的古祠堂 8 处，如赞公祠、天海公祠、致中堂、济民堂、天性公祠、长春堂、敦睦堂等，这些建筑以古街为主要骨架，构成南北向为主，向东西向延伸的古街巷系统。

桥上村祠堂

桥上村古街一角

红军标语

　　20世纪革命战争年代，中华苏维埃在桥上村北面的南湖村建立了白沙区政府，红军在桥上村活动频繁，毛泽东和朱德多次在罗氏总祠召开革命会议。据史料记载，红军攻打白沙圩镇时，独立团第六连二排就驻扎在桥上村邹画英宅内办公、生活。罗本应宅正房与落廒侧面墙上分别书写"白军弟兄是工农出身不要替军阀杀工农""士兵不打士兵，穷人不打穷人""优待白军俘虏"等红军标语。还有其他如天海公祠等建筑墙上也保留有该时期的各种标语和口号。

　　桥上村有着近千年的历史文化底蕴，是展现庐陵文化和江西红色文化的重要村落。古代桥上村民，通过经商、读书，成就他们的事业，回归故里后，他们通过修建祠堂，体现他们的敬祖尊宗，既是后世之典范，也为后人留下了重要的文化遗产。近现代桥上村民，广泛参与革命战争事业，甚至抛头颅洒热血，承担了重要使命，由此见证了中国革命从星星之火到燎原神州大地。今日桥上村，集自然与人文、历史与现实于一体，文化传统代代相传，人才辈出不绝，经济发展兴盛，桥上在各界的关注下迈向前进。畅游桥上村，你可以感受悠久厚重的庐陵文化，可以触摸腥风血雨的苏区历史，可以鉴赏鬼斧神工的民间工艺，可以见证独具特色的民俗风情……

赣水码头 吉安县永和镇

永和镇名由来始于北宋景德年间（1004—1007）设置东昌镇，镇内设永和市，故有"永和"之名。

东汉时期，永和为东昌县治所在，隋唐时期，永和并入太和县，归文霸乡管辖。五代后周显德初年，改名为高唐乡，并设置"磁窑团"机构管理窑业和税收。唐末，永和因白土兴起瓷业。五代时期，白釉瓷器远近闻名，永和因瓷而率先崛起。鼎盛时吉州窑有瓷窑24座，窑工达3万多人。宋代，永和已有"三街六市、七十二条花街"，人口3万多，号称"天下三镇"之一，成为当时一大工业都会，处处呈现出"民物繁庶，舟车辐辏"的热闹繁荣景象。

从江南地域来看，永和是一个率先将瘴疠之地变为人口众多、富庶一方的工

吉安县永和镇风景

业重镇，将工业废墟变成耕读家园的地方。永和既是文天祥、欧阳修的祖居地，宋丞相周必大、监丞欧阳珣的故里，又是革命根据地，在中国共产党领导下，永和人民率先接受、支持革命，曾先后英勇献身的烈士就有 435 人，其中杰出代表就是新中国内政部长曾山同志，他们为中华人民共和国成立和社会主义现代化建设做出了巨大贡献。今日的永和镇在传承中发展，取得了诸多成绩，既是"全国经济文化名城""江西省省级示范镇"，又是"中国历史文化名镇"。

永和镇位于江西省吉安市吉安县，赣江中游西岸，禾河南岸，青原山西南面，泰和北面，距吉安市区 10 公里，距县城 10 公里。全镇总面积约 89.5 平方公里。

永和镇属于吉泰盆地中部，是中部红岩低丘陵带向赣河谷平原带过渡部位。地势倾向由西向东逐渐递降，但高度不大。镇区所在三面环水，一面连山，东西长约 10 公里，南北宽约 9 公里，呈"胃"字形状。

镇内名胜古迹甚多，唐代有本觉寺塔、清都观等。宋代有东昌井、金钱池、莲池街、莲池塘、东坡井、凤冈精舍、绿野坊、智度寺、秀水沟等东昌十五景，有吉州窑留下的 24 个窑包。

永和镇吉州窑公园

一网兜遗产

"文化大革命"中，林彪一伙迫害老干部，"一号通令"打着备战的旗号把曾山和邓六金赶到湖南。找曾山谈话的人问他要带什么东西，曾山干脆回答：我不带东西，只带个孙子。他们匆匆忙忙收拾东西，赶到飞机场，除了手里提的一个曾山出国时买的小皮箱，就只有两个大黄布马褡子装着被褥衣物，机场的工作人员都笑他们寒酸，这个首长……只有两个大马褡。

曾山同志去世那年，邓六金把他常用的东西归置在一起，刚好装满一网兜。

网兜里都是什么"宝贝"呢？一根从抗日战争系到去世的皮带；两双补丁摞补丁打了袜底的袜子；一顶抗战时缴获的"皇军"皮帽子；一条千疮百孔的旧浴巾，曾山1972年4月16日去世，邓六金4月15日还用这条破浴巾给他洗澡擦背；一件灰蓝色褪色呢子外套，穿了10多年，袖口、肘部都是大块补丁；一件黄色毛料的外衣，还是平常上班穿的最好的衣服；一张曾山自己亲自打了20多块补丁的草席子……这就是曾山同志留下的遗产！从物质价值来说一文不值，可精神价值却无法估量。

曾山一生不抽烟，不喝酒，穿着上也极其简朴。在上海军
管会期间，为了同资本家和商人打交道，管理员要给他做套料
子服，他不同意，只让做套灰卡叽罩服。他说："现在国家还
很穷，我们做领导的不能和资本家比阔气。"这套普通罩服曾
山也视作"奢侈品"，只在上班时穿，下班回到家里就脱下来，
挂在衣钩上换上从山东穿来的打了补丁的军衣。曾山这样节衣
缩食，一身衣服总能穿 10 多年，到北京以后的很多年里他还一
直穿着这身灰卡叽罩服。后来，因出国和外事活动的需要，曾
山才做了件毛料衣服。一件衬衣也要穿 10 多年，补了又补。袜
子也是这样，不到无法补，他是不会买新的。曾山一生未买过
一块手表，第一次人代会期间，李坚真同志看到他用的是怀表，
就把自己戴的手表送他。这块手表，曾山一直戴到去世。

千年古镇永和位列江南三大名镇，传统时代因为背靠赣江，
交通便利，贸易发达。与此同时，永和又得天时地利，地下蕴
藏着十分丰富的白土资源，用这种土做出来的瓷器，在市场竞
争中有着极大的价格优势和质量优势。因此，永和镇上主要生
产经营吉州窑瓷器，吉州窑产品精美丰富，尤以黑釉瓷（亦称
天目釉瓷）产品著称，其"木叶天目"和"剪纸贴花天目"饮
誉中外。如今，我们在永和镇历史文献和方言中还依稀可以触
摸到永和宋代繁华街市的景象。

闲牛伏水

吉安市 青原区 陂下村

　　陂下古名"潭溪"，富水河流经陂下时拐了个大弯，出现"聚水如潭"景象，河面突然狭窄如溪，故名"潭溪"。宋代，富田富商刘斗圩在少傅山脚下拦河筑石陂，而胡氏居石陂之下，故取名"陂下"。

　　陂下村历史悠久，唐代陈氏、罗氏先在此建基，北宋初年胡氏迁入，后逐渐成为陂下村著姓。陂下胡氏把读书视为修身之宝、立家之本，把"服务社稷、有功黎民"当作第一人品追求，因而崇文尚儒成为传世家风。建村900余年，陂下

陂下村俯瞰

胡氏人才济济，业儒、习武、仕宦、经商人才辈出。潭溪族谱上辑录胡晃后裔历代名贤之士有 364 人。历史文物众多，宋仁宗皇帝赐予胡晃的銮架 48 件（现保存有 45 件）为稀世珍品；一代文豪欧阳修被村民供奉在吉先祠中；清道光皇帝亲笔题写"黄耉繁衍"匾额，镶嵌在迎龙门上；"敦仁堂"的堂匾和楹联，为清代状元刘绎手迹；"竹隐堂"堂匾为明代状元曾彦真迹。村中楹联、匾额、寿屏、门额、碑刻、雕板等，无不透露出胡氏耕读传家、崇文重教的浓郁氛围。

陂下村现有的古建筑有宗祠、民居、水井、巷道、牌坊、街道、书院、亭阁、戏台等形态，总面积为 87000 平方米。现存古祠堂 25 座，古牌坊 3 座；古门楼 2 座，古书院 2 座，古亭阁 1 座，古戏台 1 座，古民居 130 多栋，有 8 条鹅卵石古巷道及多条小巷道穿插其间，每条巷口都呈全封闭式古堡状。陂下具有光荣红色革命历史，与东固革命根据地紧密相连。1927 年，富田农民协会逐渐发展壮大。11 月，东固暴动队伍奔袭富田。1928 年 3 月，富田第一个党组织（陂下特支）在陂下成立，富田革命之火熊熊燃起，而陂下是富田革命的中心区域。"红古辉映"的陂下村也因此荣膺"中国历史文化名村"。

江西省吉安市城东南郊，有一条富水河，发源于赣南兴国县良村乡一带的崇山峻岭，从东固大乌山奔泻而下，流经青原区的东固、富田、新圩、文陂、值夏，与泷江汇合后注入赣江。富水河长约 100 公里，两岸风光旖旎，陂下村就位于富水河中游的西岸。

富水河流经陂下村这一段落差比较大，河道多为乱石，两岸为沙泥地，生长出茂密的树林，以樟树、毛竹为多。每逢山洪暴发，河水如万马奔腾，怒泄而过，冲毁河岸，席卷树木。非雨季时日，河水清澈，击拍着河道中的小石头北去。20 世纪 60 年代末修建白云山水库前，这里一直是重要的航行水道，富田人依靠它顺流进入赣江，往来舟船，川流不息。修建水库后，蓄水发电，水位不够，船只不得通行。从此，昔日繁忙的水上航道时代结束。

陂下东迎天马山，西依景水埂，南朝紫瑶仙山、甫公山，北有后龙山、紫沙庙。四面环山，富水河绕村东而过，由于村落地势与河床差距较大，村中用水主要来自南面紫瑶山、甫公山的溪水。溪水一部分进入村前农田，一部分进入村中。村中水渠互通，清澈，水流从不中断。村前两边河岸有茂密的乔木，樟树居多，其中有80多棵500年以上苍翠挺拔的古樟。登高俯瞰，富水像白练，两岸树木像绿带，鳞次栉比的民居被田野包围，被绿带拥簇，真是一幅美丽图画。

陂下村现有400余户，2500多人口，聚居着胡、罗两姓，以胡姓为主，占全村人口93%以上。罗姓在陂下立基虽早，但人口发展不够，10多户罗姓居于村中，村中心为罗氏祠堂——评事堂，胡氏祠堂民居都在它的周边。古村地势平坦，虽有前低后高之势，因村落依河岸建造，俗称"排形"。传统的排形村落，古人认为要有缆得住的桩，否则排随水去，村子发不起来。而陂下村栽下几株樟树，干粗枝繁，把这只排牢牢拴住，人口发展一直很好。胡氏先人在村落的排水工程上费了很大心思，900多年来，陂下村排水系统通畅，不论多大雨水，村中从不积水。全村雨水及生活废水主要由5条水沟注入星聚堂前池塘中，再排放至村东富水河，故称"五水朝东"。

陂下星聚堂

陂下村是苏维埃公略县中心县委所在地，赣西南特委第一次党代会会址，红军学校诞生地，有列宁台、毛泽东旧居、朱德旧居等众多红色旧址，在中国革命史上占有一席之地。陂下村留有红军标语200多条。

星聚堂是胡氏景星公的一大宗祠，始建于明朝成化年间（1465—1487），建筑面积857平方米。太平天国时被焚烧，现在大家看到的祠堂是晚清时期由胡氏族人集资重修的。"星聚堂"牌匾是由当时的国民党江西建设厅厅长胡嘉诏先生题写的。星聚堂是中国共产党江西省委、江西省苏维埃政府4次重要会议的会址。1933年2月，江西省委在这里召开

富水河陂下村

陂下村星聚堂

永丰、公略、万泰、乐安党员活动分子大会。1933 年 4 月，邓小平在这里主持召开公略、万泰两县党团扩大会议。1933 年 7 月，曾山在这里主持召开公略等九县查田、查阶级总结会议。1933 年 8 月，在这里召开了公略、万泰、永丰、新干、峡江五县党员代表大会，会议决定撤销公略中心县委，正式成立永丰中心县委。

"星聚堂"的坐向是三折身，仔细观察，坊牌正对紫瑶山第一峰，大门正对"甫公山"，后栋正对紫瑶山第二峰。前墙左边短了 9 寸，右墙长出了 9 寸，这样的祠堂做法，在整个吉安市范围内是绝无仅有的。关于这点还流传一个小故事，胡伯瑜是胡景渊之孙，是个读书人，胡迪吉是胡景星之子，在家种田。元至正年间，胡伯瑜、胡迪吉叔侄俩分家时，叔侄互相谦让，要把砖瓦房让给对方，自己住土坯房。经过几番激烈争论，双方终于达成一致意见：侄子胡伯瑜住砖瓦房，叔叔胡迪吉多分一张睡椅，其他用具平分，没有分到的东西，互相借着用。分家后，胡伯瑜常向朋友们称赞叔叔宽宏大量，就这样，一传十，十传百，胡迪吉的美名传遍了乡里。

胡迪吉分家后勤于劳作，生活也逐渐好起来，那把睡椅也就成他解乏的最好工具。有一天，胡迪吉从田间回来，像往常一样搬出睡椅乘凉。正当他睡得舒服的时候，来了一个哼哼唧唧、全身溃烂流脓、样子非常丑陋的人向他讨水喝，原来这个人浑身长满疥疮。虽然心里非常厌恶他，胡迪吉还是进屋舀了一瓢水给他喝。喝完水，没等胡迪吉同意，疥疮客屁股一扭就躺在了睡椅上。胡迪吉觉得这人也怪可怜的，就让他躺下，然后叫妻子李氏进屋做饭去了。李氏做好饭后，疥疮客仍躺在睡椅上哼哼唧唧，便叫他进去吃饭。吃完中饭，疥疮客又在睡椅上睡着了。胡迪吉傍晚回来，疥疮客还在睡椅上，只好叫他进屋住。就这样，疥疮客在他家里盘桓了三天。第三天吃完早饭，疥疮客离开了，临走时说："不要灰心，好人自有好报。如果你要做屋，记住！就照我摆的椅子方向做。"胡迪吉一看，椅子所摆的方向正是坐北朝南。

从此，胡迪吉家逐渐兴旺起来，种田粮食丰收，做生意财源滚滚，心里猜想疥疮客可能是神仙，暗中给予了他帮助。当然，他也就想到要做祠堂了。但可惜的是，当时没有认真记下疥疮客放睡椅的准确方向。怎么办呢？他思来想去，终于想出了这么一个变通的办法，坊牌、大门、后栋各取一个方向，总有一个方向是对的。因此，星聚堂就做成了今天这个模样。星聚堂建成后，胡氏后裔猛增，现占全村人口90%，正应了"好人自有好报"这句话。

1000多年来，陂下胡氏后裔枝繁叶茂，人才辈出，名震天下。宋代有柱国名公胡盛、屡建军功的胡晃、乞斩秦桧的胡铨、刚直不阿的胡梦籈，明代有视民如子的名臣胡子祺，有状元出身、随永乐皇帝北征为之出谋划策的胡广，有著名王门学者胡直、理学名家胡经，有政绩卓著的胡接辉。清代有著名教育家胡兆爵，乐善好施的胡继盛，近现代有为公路桥梁事业做出巨大贡献的胡嘉诏，有坚贞不屈为革命献身的胡海，有英勇善战的红军将领胡发坚，有为革命事业做出巨大贡献的胡立教……陂下是一个具有光荣红色革命历史的国家级历史文化名村，它的革命史跟东固革命根据地紧密相连，陂下参加红军的有100多人，有名有姓的革命烈士有50多人，村内现还保留红军标语200多条，即是革命的见证。

陂下以青山古树碧水为代表的良好自然生态环境立村，以辉煌的红色革命斗争史为彰显红色文化内涵，是一个红色与古色交相辉映的文化生态古村。

赣水绿州 泰和县 蜀江村

蜀口得名于水，蜀江村处于蜀水（又叫梅乌江）和赣江的汇合处，江水滔滔，四面环水，故称"蜀口洲"。同时，因"村居蜀水岔道注入赣江的汇合处"，而又得名"蜀江口"，故所在村庄俗称"蜀口"。

蜀江建村历史达800多年，南宋建炎年间（1127—1130），进士、楚州宝应知县欧阳献可长子欧阳德祖，从万安常溪顺赣江而下，择基蜀江，为蜀江欧阳氏始祖，披荆斩棘，开垦荒地，繁衍生息。明清时期欧阳氏发展迅速，尤其在科考方面表现突出，曾创造了"一门二十一进士"的奇迹。欧阳氏总祠高悬着"崇德堂"匾额，刻着欧阳永俊等21位进士姓名的"进士"匾，以及"父子进士""兄弟尚书""三世宪台"的匾额，彰显蜀口洲的辉煌。

蜀口洲是一个面积12.85平方公里的小岛，岛上有21个自然村，920户，3800余人，旱地2567亩，以种茶树、果树、油料等经济作物为主。

蜀口地处江西省吉安市泰和县马市镇东南角，东南临赣江，西北傍蜀水，距县城13公里，离马市圩镇8公里，赣粤高速和105国道傍村而过，交通极为便利。蜀口村地处千里赣江中上游，水运繁华的码头是庐陵南部的中转站，是连结赣州与吉安的交通重地。明朝，蜀江村得益于赣江与蜀水便利的交通条件，发展成为

蜀口洲俯瞰

一个供过往船只中转的集镇，江面船帆攒动，蜀江码头周边店铺林立，商贸繁荣，故有"小南京"之誉。

近年来，蜀口村确立了"生态农业，休闲观光"的发展思路，通过壮大茶产业、发展乡村旅游来带动新农村建设。蜀口洲先后成功举办"2006年吉安市乡村休闲游启动仪式""2010年泰和县生态健身游"等一系列活动。可以说，今日的蜀口洲秉承着传统，正走在发展的快车道，成为泰和县唯一的"江西省历史文化名村"和"中国传统村落"。

蜀江出人才

明朝初年，朱元璋清除叛党胡惟庸一案，株连党羽3万余人，远及江南各地。当时的吉安侯陆仲亨是胡惟庸一手提拔的，直接株连，屠杀了许多吉安官员。

洪武二十八年（1395），朱元璋南巡，一方面体恤民情，一方面安抚各地官员，宣布胡案结束，同时游赏江南山水。游至吉安府万安县时，问随从："此地何名？"随从答："万安。"朱元璋龙颜大喜，说："好！万象更新，国泰民安。"逆赣江而上，到龙泉县（今遂川）时，又问此地何名，随从答"龙泉"。朱元璋更喜，说："出京有月余，既遇龙泉，必沐龙头，就地理发。"于是在遂川老街找到一理发店，交代随从不得暴露身份，不叫皇帝，改称老爷。当朱元璋理好头时，随从问："老爷发水润何处？"朱元璋随口说："大（tài）河。"玄机就出在这二字上，朱元璋是安徽淮南人，口音平，"大河"说成"太河"，随从听成"太和"。紧接着随从快马把这盆"洗头龙泉"送往太和。当他们赶至华门下时，正逢赶圩的欧阳以忠等村民，就问到太和还有多远，村民答这就是太和境内。又问大河有多远，村民答向东1公里就有一条大河。随从于是就把这盆"洗头龙泉"倒进了蜀江。

快马回到遂川，时已正午，"老爷"问："倒盆洗发水，一去半天是为何？"随从答："皇上玉言，发水倒太和，太和路远。"朱元璋很快醒悟过来，自是发笑。又问："发水倒太和何处？"随从答："太和蜀江。"朱元璋大笑："好，就发蜀江，快出人才，多出人才，为我大明朝而用。"太神奇了，从永乐二年中第一名进士算起，蜀江在明朝出了19位进士，190多位举人。

南宋欧阳德祖在蜀江开基以后，欧阳氏后裔枝繁叶茂，人才辈出，名闻天下。到明清时期，欧阳氏先后登科进士21人，号称江南进士名村，出现了"兄弟尚书""父子进士""三世宪台"的盛况。今天，蜀江欧阳氏遍居世界各地，在香港、澳门以及加拿大、美国、英国、日本、墨西哥、泰国、新加坡、澳大利亚、马来西亚等10多个国家居住着数以万余人。

他们始终秉承着以学立身、以民为本、以俸兴教、以孝为先、以乡为根，以宗为乐的理念，用他们的善行义举，率先垂范，凝聚全族，奠定了蜀江古村兴旺发达的基础。

如今，走进蜀江古村，我们依然可以看到，"五经科第"朝天八龙""官保尚书""奕世翰林""鸣阳三凤""三世宪台""兄弟尚书""父子进士"等饱含着历史沧桑的牌匾在默默地诉说着几个时代的辉煌，书屋、墨钵、读书楼、读书歌、进士鼓、探花碑、解元碑一一见证着蜀江读书人的努力和成就，村中楹联、匾额、寿屏、门额、碑刻、雕板等，无处不透露出耕读传家、崇文重教的浓郁氛围。

　　樟枧原名"白茅洲"，据传开基祖贵清公幼承家学，精堪舆之术，爱垂钓，有一天他见有两河六水归一，潭深水洄，古樟绕举，虫豸遍野的一块白茅洲，地势平坦开阔，自南向北微倾，山环水绕，山清水秀，贵清公因此断定此处乃为宜于生息的风水宝地。回去后，便将此地告知一德高望重的老翁。老翁说："虫豸好对付，唯五位潭神作崇棘手。"贵清公遂立志求师降服五神，得道后，丢一草席置于江面仰卧其上，任由鱼虾推波助澜逆流而上，五神不知，做法时被贵清公擒获。公惜其久居此江，将其建庙安置。五神降服后，贵清公选两江中心盆地为址，毅然乔迁，为别于荒僻沉寂之忌讳，遂以洲中古樟和枧水枧盒为号，取名"樟枧"。

　　樟枧村为刘氏聚居村落，始建于宋朝，距今已近千年，历史悠久。同治版族谱《家庙碑记》记载："吾宗之刘出于安成，安成之祖出于长沙定王发，发之子礼封思侯，安成离今安福县四十里，思侯子孙散居各村，故荆山吾祖讳德言，当南唐寇乱时率良家子捍卫闾里，宋平江南，以所统归之封为水部运使，侯之裔也，水部传十世曰彦昇，生祖曰贵清，荆山族怒其婚媾非类，黜之于谱，而命元孙寿夫存其名，刻印世系三通，有朱文公跋其上，贵清生祖仲宝、仲玉、仲深、仲澄，徙永新白茅洲，即今所居樟枧也。"

　　樟枧村以"五古"同村而闻名，即古井、古祠堂、古桥、古建筑群、古树，呈三角形分布于村落的青慧井、思亲井、报恩井，井内壁均由桐油石灰砖砌而成。村落中有明清古祠堂8栋，散落于村中各角落，最具代表性的是建于明代、重修于清末的刘氏家庙本初堂，现保存基本完好。二房嘘藜翁祠、大长房刘氏宝翁祠、大三房深翁祠、六房笃初堂于近年外部框架得以修缮。三房祠和五房祠尚保留中华人民共和国成立前重修样式，四房祠位于村落最南面；西四房祠和六房总祠蒙恩堂已拆毁，蒙恩堂旧址上现建有樟枧村委会。

樟枧村位于江西省吉安市永新县石桥镇，离县城10公里，距镇政府1公里，东邻坳南乡，南接曲白乡、才丰乡，西毗县城，北连高桥楼。樟枧地处赣西边境，罗霄山脉中段，永里公路从村北穿越，交通十分便利，是"江西省历史文化名村"。

樟枧村呈四方形，占地面积1.5平方公里。村庄范围约0.3平方公里，耕地面积1300亩，鱼塘近80亩，村小组12个，户数280户，人口1300人，刘姓占95%。刘氏家族是一个典型的因科举而兴盛的家族，现已繁衍至38世。刘氏自古崇文重教、耕读传家、尊祖敬宗的家族传统，为后世留下丰富的文化遗产。

樟枧村整体格局，南靠义山，西依长岭，地势平坦，土地肥沃，坐南朝北，全村呈四方形。东南义山北麓碧波崖的山田水蜿蜒北流，沿途汇聚多条小溪水，

樟枧村俯瞰

流经樟梘；同样源于义山的神口溪、梅田溪分别自东、西越过广袤的田野奔向樟梘，在村东汇合。

父子进士

刘敷（1421—1502），字叔荣，掌都察院事，右都御史。明永乐十九年（1421）四月初五日生，明弘治十五年（1502）十二月初七殁。刘敷中景泰二年（1451）柯潜榜进士第九名，初任贵州道监察御史，天顺元年（1457）升湖广按察佥使，六年迁福建左布政司，八年，升右副都御史，巡抚两浙，十年，移巡抚湖广，进左副都御史，二十二年升右都御史，莅院事，弘治五年（1492）进阶台长一级。

刘衮（1464—1497），字廷延，号茅坡，私谥信道，治易。明天顺八年

（1464）六月初四生，明弘治十年（1497）八月初一殁。性孝友，嗜学，不以贵势自浼，登弘治六年（1493）进士。时贵要多为其父旧交，衮绝通谒之，迹授行人，敕遣广东犒军，道卒。明设行人司，行人司置"司正"及左右"司副"，下有"行人"若干，以进士充任，

樟枧村刘氏家庙

掌管捧节奉使之事，凡颁诏、册封、抚谕、征聘诸事皆归其掌握。在京官中地位虽低，而声望甚高，升转极快。初中之进士，以任此职为荣，至清废。刘衮为刘敷第三子，英年早逝，给刘敷沉重打击。

樟枧村，历经千百年沧桑变化，遭遇无数次风雨洗礼，人们依然在这块土地肥沃、资源富饶、钟灵毓秀的家园上追求他们向往的幸福与和谐，孜孜不倦。传统的生产生活习俗，尊祖敬宗、崇文重教、耕读传家的家风依然在此得以传承，生生不息。

樟枧村集红色文化、绿色文化与古色文化于一体，其古朴、厚重的历史文化资源吸引了省内外学者、专家前来参观考察。2010年以来，政府致力于樟枧村的旅游开发，大力投资于该村历史文化的挖掘、整理和环境保护，近年来樟枧村游客日益增多，而且还成为《霞客永新》《铿锵杜鹃》等多部电影和电视风光片的拍摄基地。

十八滩头
夏府村 赣县区 赣州市

夏府村远眺

夏府地处赣江上游，地形周边高中间低，形似锅，故名"下釜"，据"清宣统元年赣县舆图"记载："清宣统元年，下釜隶章水乡，时有下釜圩。"后来将"釜"改为"浒"，浒即取"赣江水边"之意，清同治《赣县志》载：赣郡城外设："墟"二十：下浒。该名沿用至抗战时期，20世纪40年代初，地方乡绅创办赣南第一所私立中学，请时任江西省第四行政督察专员兼赣县县长的蒋经国先生题写校名，将其改名为与"下浒"谐音的夏府，又取自中学校歌歌词"美哉夏府，华夏天府"，村名也就改为"夏府"，后来为避免游人误解为"夏"姓府第，2010年改名"夏浒"。

戚氏于南宋端平元年（1234）迁入夏府定居，据清同治七年戚氏族谱记载："我府江戚氏，系汉临猿侯分派，先居于吴（今浙江地区）至宋理宗端平元年（1234）有重四郎者，任闽东刺史，解组后偕弟重五郎归吴。取道赣江，舟覆天柱滩，仅以身免，乃侨居高抗（今洲坪村），至宋景定时（1262）始迁府江，居下坊（现名夏府），宗之繁衍，是为府江戚氏之始也。"又据谢氏族谱记载："今浒江谢氏之初端卿也，独是端卿当金人南下，中原鼎沸之际，隆兴初举家南走，乱离播越，止居兹土，开垦基业，以贻子孙。"可知谢氏在南宋隆兴（1163—1164）初年由于金兵入侵而迁到夏府定居。之后李、欧等姓相继迁入，各姓便在夏府村辛勤耕耘，发展壮大。

夏府现在还保留完整的老建筑有：戚氏宗祠、戚应元公祠、谢氏宗祠、太尉庙、文昌庙、夏府中学旧址等，古树有南洋奇树、枣林风光等景观。留下的古祠堂有极高的观赏价值，尤其祠堂门脸十分精美壮观。戚氏宗祠前的南洋奇树，非常神奇，由一株小叶桉为主，寄生了大叶桉和榕树，三树合一长在一起。此树是由资助孙中山革命的南洋华侨戚修祺从海外带回种植。

深厚的文脉资源，名人墨宝、楹联文化、宗祠遗迹、特色建筑，给夏府增色不少。今日的夏府与周边景点如桃花岛、大小湖洲等一同列入赣县重点开发的旅游景区。特殊的地理位置、悠久的历史与辉煌的文化，使夏府村成为"江西省历史文化名村"和"全国特色景观旅游名村"。

夏府村位于江西省赣州市城东，地处赣江上游，位于十八滩河段西岸，属赣县北部重镇。夏府古时水运交通便利，是北方通粤往闽的必经之道，素有赣南水上"北大门"之称，千余年来商贸繁荣。目前，村庄有22个村小组，总农户604户，总人口2612人。

夏府的兴盛与客家人的迁徙有很大关联，自汉唐以来，中原士族由于灾害、战乱及朝代更替等原因逐步向南迁徙。开始居于长江两岸，后沿着湘江而经漓江进入两广地区，至唐开元四年张九龄凿通梅关后，缩短了客家人南迁的路程，由原路线改为朔赣江经岭南的路线，坐落于赣江之畔的夏府算是这条路线的重要驿站之一。

夏府三面环水，呈半岛状，自然风光秀丽，文化底蕴深厚，有保存完好的客家宗祠群、戚继光祖祠等历史文化古迹，是客家先民南迁进入赣南的第一站。

20世纪90年代初，因万安电站建成蓄水，夏府村整体移民，繁华的夏府老街不复存在，建造精美的十八花厅和部分祠堂被拆除，对夏府历史原貌也造成重大损毁。

忧国忧民

戚义龙,字云从,号虞卿。清咸丰六年八月二十七日生于夏府,为当地著名秀才,一生乐善好施,热心地方公益事业,重学兴教。他一生倡导完成了多件大事:一是大湖江五连拱桥的建设。在当时条件下,他设法解决了长 82 米、宽 8 米的大湖江五连拱桥的设计以及桥墩的施工难题。二是创办了夏府戚氏私立瀹智小学。在他所处的时代正是清王朝走向衰败的时期,西方列强入侵,国家陷入内忧外患的困局。他无心科考,注重实用,他认为必须兴办教育来提高国民素质,从而达到强国目的。因此,他在清政府还未废止科举制度之前,就在夏府创办了夏府戚氏私立瀹智小学。三是解决戚谢两家矛盾。据村里老人说,原来夏府戚、谢两家不和气,时有小矛盾发生。有次戚家在重修聚顺堂时因风水问题,两家闹得不可开交。之后戚家在戚义龙说教下,改变了祠堂的朝向,并在谢家祠堂正前方戚家地基的范围内建起了由南北跨街的两拱门连接祠堂院墙,院内主街西邻置一半月形的水塘。这样的设计既没挡住谢家祠堂的"旺气",又解决了村内污水处理的问题。从此两家以和为贵,联姻的喜事也越来越多。戚义龙 45 岁之后,看透清政府腐败无能,开始积极支持子侄们从事推翻清朝的革命工作。他的独子戚修祥,字烈,号坦天,参加了兴中会,后转为同盟会员,于保定一期毕业,并随孙文一道游学日本。回国后,北伐时为陆军少将,为民国建立多有贡献。戚义龙还鼓励其侄子戚修祺以爪哇中华日报总编及南洋华侨学校校长之职,赴南洋积极为辛亥革命募集经费。

乾隆题联

迴龙阁位于夏府村尾北面,赣江黄泉滩西岸岸边高峰山上,是一座朝北向南,气势雄伟的三殿大寺。寺庙依山而建,东西两面龙形的院墙将三殿连为一体,宛如一条起伏回旋的卧山巨龙。登迴龙阁必须经由四根红砂岩石支撑的牌坊而上。牌坊上左书"幽谷",右书"仙境",中间刻有"迴龙谷" 3 个刚劲有力的颜体大字。进牌坊门拾级而上，有一平台，平台上有一个直径约丈二的大圆形水池。再拾级而上便是大雄宝殿，殿内正中供奉着一尊如来佛像，两边分别排列着神态各异的十八罗汉像。穿殿经两边长廊而上便是"慈悲殿"，殿内供奉着观音神像，"八仙"神像分列两边，再经龙形长廊至山顶便是"凌霄殿"，该殿正中塑有龙王神像，各水族塑像分列两边。后殿正中龙座上塑有玉帝神像，两边分列着托塔李天王等各级神仙塑像，殿前院前端立有一根挂着"一帆风顺"方形锦旗的桅杆。古时，在赣江航行经过此处的船只，都会靠岸到迴龙阁烧香拜佛以求平安航行。根据夏府民间传说，有一次乾隆游江南，意欲往虔州（今赣州），船到夏府"黄泉路"，船家上山敬香，乾隆问：为何要此？船家说明原因。乾隆听后也随船家上山敬香，来到山门前，迎面看到"迴龙阁"三个大字，顿感惊奇，但不露声色，来到寺中烧香许愿，拜毕，来到山顶，俯视赣江，只听钟声、诵经声、风涛声阵阵飘来，顿感心旷神怡，高兴得要来笔墨，题就一联：高属无双，有几个无双士到；峰推第一，可曾来第一人游。题联完毕后，下山叫随从打道回京，随从问，不是要去虔州吗？乾隆答曰：此地名"迴龙阁"，就是让朕回家之意，此乃天意，不可违。所以赣州没有乾隆的遗迹而《赣县府志》却载有乾隆到了赣县，并题联迴龙阁。后来此庙在第一次国内革命战争时期被毁。

夏府村地处赣江上游，位于十八滩河段西岸，属赣县北部重镇湖江镇，三面环水呈半岛状，自然风光秀丽，文化底蕴深厚，有保存完好的客家宗祠群、戚继光祖祠等历史文化古迹，是客家先民南迁进入赣南地区的第一站。夏府历史悠久，凭借其独有的水上交通地位，创造了千余年的繁荣，也涌现出一批名宦乡贤，亦有诸多历史名人在此驻足或题赠词联。

今天，夏府人正充分利用丰饶的物产资源和宝贵的文化财富，积极探索一条湖光山色与文化旅游开发并举的道路。夏府拥有深厚的文脉资源，名人墨宝、楹联文化、宗祠遗迹、特色建筑，夏府人在保护这些宝贵的文化遗产的同时，也在为夏府纪事，将夏府的美景、文化以及其"重教倡孝"的传统流传于后世。

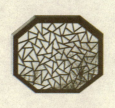

第三章
古道照颜色
——路上的故乡

唐高宗上元二年（675），王勃在《滕王阁序》中称："豫章故郡，洪都新府。星分翼轸，地接衡庐。襟三江而带五湖，控蛮荆而引瓯越。"他在赞美江西"物华天宝、人杰地灵"的同时，也为江西优越的区位点赞。传统时代的江西依托赣江和大庾岭而成为南北交通要道上的重要驿站。江西很多村落的形成、发展都与当时的交通密切相关，赣东北徽饶古道旁便孕育了诸多传承到今的历史文化名村。与此同时，江西三面环山，高山并未阻挡江西先民的脚步，跨越山岭，外出经商，求学，当他们成功后又回归乡梓，建设美好家园。这一出一进的路程走得多了，便成为沟通天下的要道。江西与福建、与湖南、与浙江、与广东交界的地域，也产生了很多底蕴深厚、经济繁荣的古村落，江西自北而南自东向西，星罗棋布的古村落无不寄托着我们的乡愁。

皖赣交界

浮梁县
沧溪村

沧溪之名始于宋代，据沧溪朱氏族谱记载，唐朝以前沧溪村有朱、康、陈等姓氏聚居，某一年发了一场大洪水，康、陈两姓相继迁出，沧溪从此以朱姓为主。北宋中期，朱氏七兄弟分家，以辈字（景、裕、刘、明、前、沧、北）命名村庄。此地为"沧"字辈居住，又因村前一条小溪，故名"沧溪"。

沧溪朱氏先祖为西汉名臣朱买臣（前？—前115），吴县（今属江苏）人，字翁子。朱买臣死后葬在浙江南溪，其子孙由杭州迁移到安徽煌墩。唐代朱氏后人朱迁从煌墩迁至今浮梁县兴田乡朱家营里，朱迁为朝廷将军，因保护皇帝，平定叛乱有功，故称浮梁开国男。朱迁战死沙场后，敌人将其头颅砍下，尸体被其战马驮回家中，皇帝为表彰其战功，特赐金制头颅与身体合葬于朱家营中，同时，为防止盗墓者

沧溪村俯瞰

沧溪村道及牌楼

偷盗，建筑了 99 座相似的墓葬。千百年来，每年沧溪朱氏子孙都要到朱家营举行祭祀大典，场面十分壮观，这种祭祀活动一直延续到民国。

沧溪朱氏人才辈出，宋代名士、著名理学大师朱宏即是杰出代表，他既是宋皇恩师，也是朱熹同学，被朱熹尊称为"克己先生"。

悠久的历史、厚重的文化、璀璨的人文和古朴的民居使沧溪成为唐宋以来赣皖交界处颇具有代表性的古村落。今日的沧溪也荣获"江西省历史文化名村"和"中国历史文化名村"称号。

沧溪村位于江西省景德镇浮梁县东北部勒功乡境内，东邻浮梁县江村乡，南毗浮梁县勒功乡石溪村，西连浮梁县勒功乡勒功村，北接安徽省祁门县。距瓷都景德镇和浮梁县城 60 公里，距离景（景德镇）黄（黄山）国际旅游公路 4 公里，距列入世界遗产名录的安徽省黟县宏村、西递 100 余公里。

沧溪村辖区面积为 9 平方公里，辖 9 个村民小组，256 户，1076 人，3 个自然村。有水田 1020 亩，旱地 300 亩，茶园 800 亩，林地 12340 亩，全村以农、林、茶为主要收入来源，茶叶为该村传统产业。村中现有建筑 187 幢，其中保存完好的传统建筑有 73 幢，建筑面积为 7150 平方米。

沧溪属于黄山余脉，三面环山，村前是清澈秀丽的杨村河，溪水蜿蜒绕村而过，静静流淌千年，让时光上锁，历史永远灰檐青瓦，青苔幽绿，人心古朴。村庄坐北朝南，前朱雀后玄武，符合"枕山、环水、面屏"的风水理论。

远眺沧溪，青山叠翠，烟雾缭绕。走进沧溪，古木掩映，茶香扑鼻。村口门前的蜚英坊，古朴典雅，美观大方很有气势。蜚英坊前有个半月形的水塘，半圆直径的垂直线，正对河对面的笔架山，笔架山形似"火"字，符合五行相克的水克火理论。半月形水塘民用价值非常大，村子里排水沟废水，经过地下沙土过滤净化，汇集水塘而流出。

恒德昌茶号

沧溪村自然环境优美，山水资源丰富，非常适宜种植茶叶。唐代沧溪先民就开始种茶、制茶、售茶，宋代出现了茶商，明代有了专门的茶号，清中后期，中国制茶业发展进入鼎盛时期，沧溪村民朱佩泽等以参股形式,成立了"恒德昌茶号"，动员浮北茶农参加，年产工夫红茶 1553 箱，重量 41425 公斤，远销海外，成为中国早期最大的茶号之一。与此同时，浮梁各大茶号在当地组织成立了茶叶协会，据茶业协会组织记载，恒德昌茶号为浮梁北部红茶销售量最大、影响力最大的茶号之一，通过上海、天津口岸出口，声名远扬，是江西最早的茶叶股份制企业之一。100 多年来，浮梁朱氏子嗣集"天时、地利、人勤、种良"的得天独厚优势，着力打造"恒德昌"品牌。恒德昌以独特的产品、技艺和服务传承着中华民族优秀的茶文化。

恒德昌茶号传至清咸丰、同治年间的朱葛己（1845—1907）掌柜已历六代。此时恒德昌茶号开始在浮北桃墅、祁门历口和上海、武汉等地陆续设立分号，茶号以生产销售绿茶为主。光绪年间传至第七代掌柜朱季芳（1869—1942，朱葛己三弟朱福己长子），为顺应市场需要，他开始改制红茶，所制红茶，条索紧细匀整、色泽乌润，冲泡时红艳的汤色晕散开来犹如云龙吐雾，且香气馥郁持久，一投入市场，供不应求。

值得恒德昌茶号荣耀的是，恒德昌茶业分号在上海捐军饷有功，掌柜朱季芳受到时在上海的李鸿章接见，李鸿章也非常钟爱恒德昌茶号的红茶，并亲笔题写了"恒德昌"匾额以示褒奖。

恒德昌红茶因品质一流，在海外极为畅销。1959 年 10 月中苏两国在对内外政策上出现重大分歧并引起尖锐的对立场面，而后两国关系得到缓和时俄罗斯曾点名要恒德昌红茶，故恒德昌茶号所产的工夫红茶也成为当年中国与俄罗斯重修旧好的桥梁与见证。

远瞰沧溪好像一叶竹排，取其意为两河交汇，筏不被淹。从河边一路走来，仰视临河建筑，群楼错叠，如浮天宇，别具一格。在这里，徽式的民居建筑风格十分明显：白墙、青砖、灰瓦，青石铺砌街巷朴实而厚拙，直线构图马头墙高低起伏。远远望去，屋面纵横交错，层次丰富而分明，韵律感极强。虽经时代变迁和沧桑，早已失去昔日辉煌，但秀丽的山川，蜿蜒的河流及保存较完好的民居院落，装饰精美的建筑艺术，使古村散发着独特的魅力。

沧溪自古人杰地灵、名贤辈出，有被朱熹尊称为"克己先生"的著名理学大师朱宏；有被弘治皇帝赞誉，且请戴珊为其撰写《乡先生祠增祀朱克己朱公记》……

清末民初，因恒德昌茶号的发展，沧溪涌现出一大批富商，他们将江西茶叶传播到世界。走进沧溪，我们依然可以感受到，不管是为官，还是经商，儒家的友爱孝悌人伦是贯穿沧溪古建筑群的一条主轴。在异乡清廉为官，回乡以德育人，修桥铺路是历代沧溪村民忠实信奉的信条。"三举五贡四十八秀"是当时鼎盛人文的精致描述。至今淳厚朴质，崇尚礼节的村风是宋至明清各时期沧溪先贤鼎力渲染礼学的结果，也是前人留给我们弥足珍贵的精神财富，保护实体建筑固然重要，挖掘先贤精神、弘扬礼学优质传统更需要我们深耕勤作。

巡检司署

乐平市
涌山村

涌山之名取自"两山一水谓之涌，山南水北谓之山"。据当地村民介绍，中华人民共和国成立前涌山不叫涌山，叫八涧桥、万全乡等。因涌山村位于当地鸡公山和鸡母山的环抱中，同时涌山河贯穿村庄全境，故村民们根据涌山的地形位置取名"涌山"。

涌山历史悠久，1962年中国科学院在涌山村一处叫"仙岩"的洞穴中，发现了人类打制石器及伴生的"大熊猫——剑齿象"动物群化石，证实了该地为江西旧石器时代遗址最早发现地。涌山洞穴遗址群所在地为一东西向孤立的连绵喀斯

涌山村远眺

涌山八洞桥

特地貌组成，南北长约1110米，东西宽约865米。在山腰分布有大小56个石灰岩洞穴，其中10个洞穴较大，发现有动物化石。此后，在涌山村陆续发现有商周遗址、墓葬以及战国西汉、三国南朝时期的青铜器、陶器等遗存遗物。

唐宋时期（618—1279），涌山村有王、吴、余等几大姓氏居住，其中王姓为当时名门望族。他们在农业、煤炭、瓷土、石灰、建材等行业共同开拓，富甲一方，成就了如王巳山、王燮书（五品红顶商人）、王宅仁祖孙三代富商。

涌山以生产石灰闻名，史称"日桴夜泊，绕岸灯辉"。元代在此设置巡检司署，明代设镇建制，名为"八洞"。1949年以后，附近煤炭和水泥工业生产大兴，集镇之内，交通运输，商业贸易随之发展较快，成为乐平市最繁荣的集镇。2000年以来，涌山村民积极保护村庄传统文化，从而获得了"江西省历史文化名村"和"中国传统村落"等荣誉。

涌山位于江西省景德镇乐平市东北部黄山余脉涌山北麓下，地处乐平、浮梁、婺源三县（市）交界处，在昌（南昌）九（九江）景（景德镇）金三角区域内。涌山为乐平北大门，东与洪岩镇相连，南同双田镇接壤，西与塔前镇紧靠，北与浮梁县寿安镇、婺源县珍珠山乡交界。古饶州、徽州两州文化于此碰撞，民谣流传"徽地多饶匠、饶地多徽商"。

涌山依山傍水，地理区位优越，曾经是商贸繁华之地。水路方面，涌山村处于上下联动的便利之位，其东为锦溪河，锦溪河由北向南从古村东面缓缓流过。涌山拥有许多码头，通过锦溪水路到达乐安河，最后到乐安江，再到鄱阳湖。其中乐安江源出徽州芙蓉岭，绕婺源县治而下与德兴水合入邑乐安乡，在支流上，浮梁与婺源各有一水系到涌山。由浮梁小游山——莲花形（此时有仙槎水汇入）——仙姑桥——彭家桥——闵口街——涌山镇——下游与车溪水汇合，再至流槎、厚田、临港、浯口，再到乐安河，进入乐安江。而婺源通过车溪水、官口与涌山沿沟、车溪等地相通，进行经贸往来。陆路方面，涌山也极为方便，婺源通过沿沟驿道与涌山相通，婺源与沿沟之间主要是南货交易和木材交易，沿沟烟煤通过乐平涌山运往浮梁烧陶瓷。

三百纹银

清嘉庆年间（1796—1820），涌山首富王爕书派伙计到徽州、婺源富商收账，债主恶意拖欠，几次上门都无果而终。有一次，伙计同样前去讨债，债主百般刁难，并提出苛刻要求，如果伙计敢用150两纹银剃头，便把300纹银全数还清，伙计左思右想，无可奈何，时值年关，收不回来账，回去不好向东家交差，狠下心来，总比一文都收不到好吧，便动用了150两纹银剃头，然后把剩下150两带回，准备接受东家的责罚，回家后把前后经过向东家一一道明，东家深知债主的奸诈，不但没有责备伙计，反而大肆赞扬，从此以后300两纹银剃头之说在饶、徽二州和当地广为流传至今，成为一段佳话。

涌山舍身崖

在涌山民间还流传一个关于舍身崖的感人故事，明末清初

涌山村王氏宗祠

兵荒马乱之际，一队兵马占领了当时的八洞村（现涌山村），村中有一对年轻夫妇，妻子美貌如仙，丈夫为了其妻不遭官兵欺凌，带着妻子躲在鸡公山岭岩洞。由于山高路险，老父母和小孩留在家中，妻子看在眼里痛在心里，也不知何时稳定，时过三日，她劝丈夫下山照看父母和小孩，丈夫看着貌美的老婆死活也不离去，于是妻子一气之下，纵身跳下此岩洞，一命呜呼，此洞深不见底，从此后人将此岩洞取名为舍身崖。

"千年瓷都景德镇，万年陶邑涌山镇"，在景德镇民间广为传唱的这句民谣道出了涌山灿烂辉煌的远古文明历史。涌山是南方古人类的摇篮，涌山洞穴遗址为华南旧石器时代遗址树立了历史标尺，它与两广地区普遍发现的大熊猫——剑齿象化石群构成了一幅更新世中晚期众多古人类聚集在这片美丽富饶的广袤大地，用粗糙的双手和智慧绘就出里程碑的历史画卷。

漫步在涌山村明清时代的石板路上，穿梭于一座座古建筑间，仿佛历史的长卷在面前翻开，从古人类的身影，到远古的炊烟、原始的村落，再到现在的村庄，人类不断前行的画面一幅幅映入眼帘，让人不由得有种怀古论今、感叹岁月悠远、时光凝聚的幽思情怀。涌山村无疑是一个美丽而富饶的乡村，在涌山村，我们不仅可以欣赏到古村丰富多彩的乡村文化，更能领略到涌山名闻遐迩的文物古迹与风光奇特的山山水水。

徽饶驿站

婺源县
虹关村

　　虹关最早由方姓开基立村，故名"方村段"。南宋建炎间（1127—1130），附近宋村詹氏二十一世祖同公"仰虹瑞紫气聚于厥里，因名之虹关而迁焉"，改名"虹关"，"虹关"后来便为詹氏聚居村落。

　　詹氏为婺源大姓，始迁祖黄隐公，讳初，字元载，陈代（557—589）为东阳郡赞治大夫，后因郡废不仕。隋大业二年（606），卜居徽州婺源北面之庐源，因慕黄石公之义，号"黄隐"。此后，詹氏翕然大兴，子孙散处，其中最为繁盛的

虹关村全景俯瞰

有三支，即庐源、浙源、庆源，虹关属浙源一支。詹氏迁居虹关后发展很快，成为浙源詹氏主体。虹关詹氏分为五房，分别为悦善公、存善公、言善公、芝善公和庆善公。目前，虹关村有204户，总人口为624人，绝大部分是詹姓。

虹关村古樟

虹关村历史上最具代表性，最值得称道的便是古樟，古樟是虹关人心中的圣树，屹立在虹关村头徽饶古道旁、鸿溪之畔，树高26.1米，胸径3.39米，冠幅3亩许，被誉为"江南第一樟"。千百年来，古樟荫蔽一代又一代虹关人。据虹关乡老介绍，虹关古樟是有灵气的：其枝叶的枯荣，预示虹关村的兴废，古樟树叶枯黄，虹关村百事不顺；古樟上有小树寄生，这些小树的数量往往与寄居虹关外乡人的户数相等；古樟"叶可活人，功类苏耽之橘；皮能济世，差同岐伯之芝"。

1932年秋，旅居上海的虹关人詹子瀚回到家乡，用相机为古樟拍照，并将照片赠给旅居他乡的其他虹关詹氏族人，客居夷陵的詹佩弦亦获得一帧。詹佩弦喜出望外，翻印了古樟照片，并广发征诗文启，征集诗歌颂扬古樟。1934年冬，詹佩弦共收到吟咏古樟的诗文50余首（篇），遂编成《古樟吟集》刊行。以一书专颂一树，说明了古樟在旅居他乡的虹关游子心目中的神圣地位。1984年秋，爱国侨胞詹沛霖先生捐款万元，修筑石磅、栏杆，保护古樟。

虹关村内巷道

虹关位于江西省上饶市婺源县北部浙源乡，吴楚分源的浙岭之南麓，徽饶古道贯穿全村。村中央有条水渠，叫长生圳，全长585米，村头宽1.5米，村中宽0.5米，从东边村头平公碣引入鸿溪水，随虹关中路向西流经虹关村，注入鸿溪。

虹关村的特色和优势在于徽墨文化、古樟文

虹关村留耕堂   虹关村祭酒桥

化和龙灯文化，因此称号甚多，既是婺北交通要塞，又是"吴楚锁钥无双地，徽饶古道第一关"，还是"江西省历史文化名村"。

虹关村周边冈峦起伏，西北隅高湖山海拔1116.6米，山势险峻，迤逦清秀。《婺源县志》记载："（高湖山）山上有湖，宽六七亩，四时不涸，因名。侧悬双洞，玲珑轩敞，一白石如狮蟠踞洞顶，双目注水，欲雨必先出云。"山上原有铁瓦寺，早年圮废，仅余旧迹。昔邑人汪铭燕咏高湖山诗云："晴岚界断半天秋，雾锁山腰白浪浮。无数小峰时出没，湖光万顷点轻鸥。"

虹关村选址遵循风水理论，村庄来龙由大鄣山发脉，经沱峰、洙源尖、高湖山、五龙山逶迤而来，至双峰稍缓，到村后3里许突然跌宕，山势由雄浑一变为和缓，煞气顿消，正所谓玄武垂头。随后，来龙正脉在虹关村作结。村庄左边虽缺少后龙本身生出、环抱村庄的青龙山，但鸿溪水自左而前环抱，加之浙岭余脉庐岭自岭脚蜿蜒而下，绕过虹关村前至察关村落脉，成为虹关村青龙和朱雀（朝山），可补其不足。庐岭虽较虹关稍显高昂，但距离较远，村落前堂比较开阔。村庄右边（白虎）和水口略嫌空旷，所幸有言坑水和鸿溪水交汇，西边察关村前几座小山蹲伏驯顺，顾盼有情。

清代巨人

詹世钗，字玉轩，清代身材高的人。据县志记载，詹世钗身长七尺三寸，相当于现在几米呢？清代法定营造尺一尺相当于现在的 32 厘米，如此詹世钗身高当为 233.6 厘米；如以民间裁衣尺（一尺等于现在 35.56 厘米）计，詹世钗身高达259.58 厘米。

詹世钗起先以造墨为业，后为西洋人所聘，随之到处展览牟利。宣鼎的《夜雨秋灯录》卷四《长人》对此有较为翔实的记录。时至今日，虹关村有条小巷名为"长人巷"，长人故居"玉映堂"仍保存完好，虹关还流传不少长人的故事。

据说，詹世钗在一两岁时，他母亲带他去看正月元宵庙会。当时詹世钗饿了，想吃奶，就站在母亲身前吃，旁边好多看戏的村民看到了，觉得奇怪，就指责长人："你都站着有母亲高了，还好意思要吃奶，不怕羞！"他母亲听到之后对村民说："孩子还没有满两岁，不要吓着他。"后来，詹世钗被带到英国，并入了英国籍，还娶了个英国女子做老婆，詹世钗的妻子还教村里小孩学英语。长人詹世钗与英国女子结婚后，生有一子名叫詹泽纯。泽纯并没有遗传到他父亲的身高，他在英国驻沪领事馆工作，其父亲詹世钗告诉过他老家在江西婺源县浙源乡虹关村，詹泽纯也回来寻过亲。他有一个叔伯是做徽墨生意的，有巨额家产，怕詹泽纯回来认亲分割财产，便否认自己是他的亲人。后来詹泽纯再也没有回来寻过亲，直到父亲詹世钗过世。中华人民共和国成立初，长人老宅的堂前还挂有长人端坐的巨幅照片，可惜照片在"文化大革命"时被毁掉。

虹关是徽墨名村，其墨业历史悠久，制墨者众多。虹关詹氏墨商的经营，带有浓厚的家族色彩，历久绵延。相对于歙县墨的隽雅大方、装饰讲究、使用者多为帝王将相、达官贵人、文人雅士，休宁墨的华丽精致、多饰以金银彩色、风行于多财好事而没有多少墨水的商人之间，婺源墨的特点是"朴实少文"，是平民化的东西。詹氏墨商的足迹几乎遍及海内，他们以家族血缘为纽带，联接成了一张巨大的网络，在徽墨的生产和销售中起了极为重要的作用。虹关古樟以其树龄之长、树形之美、树冠之高、树围之巨而获"江南第一樟"之美誉。更为重要的是，在虹关村民的心中，古樟有灵，是一棵圣树；对于虹关游子而言，古樟是他们与故乡联系的纽带，是故乡的象征。

草鞋码头

婺源县汪口村

　　"汪口"村名源自水,据《婺源县地名志》记载:"村处两河汇合口西岸,原属附近汪家产业的平地上,故名。"汪口现为俞姓聚居村落,在俞姓建村前,"汪口"地名就存在,但仅是地名而非村名,俞姓建村后,"汪口"渐渐变为村名。

　　北宋大观三年(1109),婺源俞姓始迁祖俞昌九世孙、宋朝议大夫俞杲由陈平坞(东偏南距汪口约三里)"辟居汪口扁溪,墅曰永川,分命五子治五宅,浚五井,以日月光天德为号,是为汪口一世祖也",由此可知,汪口建村历史已近900年。明清时期,商贸成了汪口主导产业,商埠经济繁荣。进入21世纪,汪口赢得了"中国民俗文化村""中国历史文化名村""江西省历史文化名村"等众多荣誉。

汪口村俯瞰

汪口村河流

汪口村"草鞋码头"

汪口村位于江西省上饶市婺源县东北部江湾镇，西距县城23公里，东离江湾镇8公里。自唐以来，江湾便是婺源通往皖浙赣三省的要塞，山水环绕，风光旖旎、物产丰富、文风鼎盛。汪口村面积34.8平方公里，下辖13个自然村，有543户，1870多人。

汪口村三面临水，江湾水、段莘水在此交汇，四周群山环抱。汪口山多耕地少，旧志载："婺居徽饶间，山多田少，西南稍旷衍，东北多依山麓，垦以为田，层累而上，至十余级不盈一亩。"

汪口地处婺源东乡水运码头，属古徽州婺东重要水道，水路交通方便，商贸繁盛。南宋兴起的"草鞋码头"是婺源东部重要的商品集散地，曾经给汪口带来数百年的繁荣，素有"徽州古商埠"之称。当年沿河边有18个溪埠与18条街巷相对应，河道水浅滩多，往来船只较小，码头也比较简陋，民国末年，随着商贸活动的减少，"草鞋码头"开始衰败。

走进汪口村，给人印象最深的莫过于村中的官路正街，街道略呈弯月形，全长约1华里，故又称"一里街"。这是一条集店铺、古建、文化于一体的街道，始建于宋，形成于明。传统时代，这条街道繁华景象好比是今天上海的"南京路步行街"。由于这条街道属于官路，又好比今天的国道，过往行人、客商、官吏，东去江湾、休宁，西去秋口、县城，都要经过这条街道，异常繁华热闹。

谢娘凸传说

在汪口村东北角有一个小山嘴，当地人称"谢娘凸"。这个名称有一段凄凉的故事。

1276年，元军攻入临安（杭州）后，大肆劫掠，南宋宗室多被屠戮，理宗皇后谢太后兄弟谢国舅家也未能幸免。在元军抢掠杀戮的混乱中，谢家一位千金小姐带着两个丫环携财宝逃出临安城，一路流落到了地处深山之中的汪口。这里远离战乱，山清水秀。此时谢家千金小姐对人自称谢娘。想想自己双亲和众多皇亲都死于元军之手，以及自己从临安至此的万般艰辛，谢娘已看破红尘，决意向精神世界寻求解脱。她用自己携带的财宝，在汪口村东北角山嘴上建了一处庵堂，带着两个丫环削发为尼，终日古佛青灯，以修来世。几十年中，谢娘广施善事，深得汪口村人和香客的尊敬。可岁月不饶人，谢娘感到自己不久于人世，便着手准备自己的后事。她先是悄悄地为自己在庵旁建了一处"石轿"套着的木轿，又将两名丫环还俗嫁人。一切安排停当后，谢娘带着一生的酸甜苦辣，带着对来世的深深向往，默然钻进木轿内，坐着装有金银首饰的扁桶，落下沉重的石轿门，在轿内涅槃。

为了纪念孤苦清高而又善良的尼姑谢娘，汪口人将建庵和石轿的山嘴称作"谢娘凸"。20世纪60年代，施工队开凿汪口至休宁公路时，因路

汪口村官路街景

基经过石轿子，筑路工人推倒石轿时，里面还有木轿构架和人体遗骸。

千年古村汪口自然风光优美，交通便利，古为徽州府城陆路经婺源至江西饶州的必经之地，又系婺源县城连通东北乡水路，货运到乐平、鄱阳、九江等处之码头。元末明初，汪口村人口剧增，明清时代，汪口人"亦商亦儒"，跻身于徽商行列。当时的汪口店铺林立，商贾云集，景象繁华。经济的繁荣极大地促进了汪口人文的兴起，自宋至清数百年间经科举中进士者有14人，出任七品以上官员达74名。著书立说，以斐然文采名于世者9人，著作达27部，还走出了一大批商贾四方的徽商富贾和精杏林、工篆刻著书画的名士贤达。汪口村有诗赞曰："先贤首望起涧，武将文臣代代强。沧海桑田经百世，子孙俞氏业繁昌。"可以说，汪口的村落布局、官道正街、山水风光、民俗文化，都具有典型的徽文化特色和较高的观赏价值。村庄因文化而生动，文化因村庄而厚重。沧海桑田，旧貌新颜，今天，汪口蒸蒸日上的旅游业已成为汪口人致富的主导产业。

徽饶古道

婺源县
西冲村

　　西冲原名"西谷"，得名村庄处于山谷之间，据文献记载："四面山群绕，人家若隐藏。一来西谷里，如入白云乡。烟火诚稠密，楼台更显昂。此间多瑞霭，继起定难量。"村落形成后为了经商方便，当地百姓修了一条徽饶商道支路，从今天的思口镇经中云镇通往景德镇，该商道贯穿西谷，且西谷扼守隘口，因此村庄改名为"西冲"。

　　据族谱记载，南宋末年，俞氏开始迁徙至西冲定居并生息繁衍，至今已有800多年历史。清以前，西冲居民主要以农耕生活为主，清康熙、乾隆以后，西冲居民开始大批外出经商，从乾隆初年至民国末年200年间，西冲俞氏宗族从32

西冲村俯瞰

世到 38 世均有子孙经营商业，他们不断把握时代商机，调整经营行当，取得了巨大成功，为西冲村繁盛创造了条件。道光年间，婺源西乡桂岩举人戴骆亲眼看到了西冲的快速发展过程："余尝馆于绣溪（即毗邻西冲的读屋泉），道经西谷，入其境，质朴而醇古……越今才十数年耳，簪缨照人耳目，墙屋焕然一新，烟火连甍，犬声如豹……"

清乾隆至道光年间是俞氏宗族发展最为辉煌的时期，在当时徽州经商大潮冲击及族人带动下，俞氏后裔踏上了外出经商之路，每一代都有大量"服贾经营吴头楚尾""服贾金陵""生理金陵"的商人。据民国年间所修《星源俞氏宗族》，收入该宗谱中的西冲俞氏历代人物 91 人，其中 69 人为商人，具体为木商 46 人，如俞士荣、俞俊福、俞俊礼、俞本逸、俞光治等；茶商 9 人，如俞俊祺、俞光延、俞光绎等；医生兼药商 10 人，如俞本伟、俞光坤、俞光鸿、俞明迢等；布商 1 人，另外还有其他未知行当商人 3 位。由此可见，乾隆中叶之后，西冲俞氏已成为一个地地道道的商贸世家，大部分俞氏子弟致力于投身商业，数代相续而不辍。

应该说，明清时期西冲俞氏族人大量外出经商并取得成功，西冲不仅成为闻名遐迩的商贸名村，而且这些人经商致富后多数携资回归故里买田置房、兴建书院，不仅创建了大批府第楼阁、祠堂碑坊，而且为西冲的文化教育发展贡献卓著。时至今日，西冲从整体布局到细小建筑仍保留着清晰的明清时代特色和风格，村庄也成为"江西省历史文化名村"。

西冲俞氏最主要的商业行当是木材生意，俞氏木商起于明代，终于民国，延绵几百年，虽充满坎坷，但成就辉煌，西冲也因此成为"木商故里"。

西冲位于江西省上饶市婺源县中部思口镇西南隅，距离镇政府 5.5 公里，距离县城 22 公里。地处江西、安徽、浙江三省交界处，交通十分便利，向西距离瓷都景德镇市，向东北距离安徽省黄山市，向东南距离浙江省常山县都只有 100 公里路程。

西冲村商道

西冲通往徽饶古道交通非常方便，明清时期，随着徽商发展，人们在原有徽饶古道基础上又开辟了一条从思口出发经今中云镇通往景德镇的驿道，驿道贯穿西冲后开始进入山路，西冲也因此成为这条"徽饶古道"支路上的要冲。

俯瞰西冲整个村庄，坐落于六水朝西的山谷地上，山环水绕，四周是郁郁葱葱的青山，古树参天，山取其罗围，水取其回曲，基取其磅礴，址取其荡平。从风水学上看，西冲坐北朝南，朝山像屏风似的遮着村庄，故称"南屏绕翠"。

走进西冲，村内有相互交错，青石板铺就的古街巷 12 条，这些古街巷围绕着西冲古道展开，通向村庄深处。街巷两边，均为各式历史建筑，穿行其间，别有一番情趣。行走于老屋深巷之间，既留下了一道古朴柔美的风景，又勾连着村庄的历史轮廓与远去的背影。

西施归属

西施与杨贵妃、王昭君、貂蝉为中国古代四大美女，其中西施居首，是美的化身和代名词。遥想当年，春秋时期越国美女西施，以貌美如花的长相身材，被派往吴王夫差后宫，委身吴王使"美人计"充当间谍，与雄姿英发的范相公里应外合，以图兴越灭吴大计。怀有复国之梦的勾践卧薪尝胆，不思进取的吴王夫差却整日酒池肉林，终使吴国轰然倾覆。吴国被越国所灭后，西施与范蠡泛五湖，不知所终，一直受到后人的怀念。那么，范蠡和西施到底去了哪里呢？民间传说西施随范蠡翻山越岭，一路风尘，来到了古属徽州的婺源。遍地荷花的莲花村，曾是西施心中的梦境。或许是因为西施的到来，这片六水朝西的山谷平地，也就有了西谷（西冲前身）的村名。后来，范蠡离去，西施却在此居住下来，融入当地人生活中，并终老于此。进村水口历经千年夕阳依然枝繁叶茂的大树，向人们倾诉西施的故事。或许，西施与范蠡的入迁，成了西冲最早发脉的源头。在村东水口路边的相公庙，是专门奉祀商圣范蠡的，说明西冲与范蠡的渊源。村头山坞里一处叫"范蠡"的真实地名，老人们还口口相传，说村庄不远处还有西施坟。这些庙宇、地名与传说，都给人们留下了无限遐想。此后，范蠡外出漂泊经商终成巨贾商圣，一代天骄西施，则融入了当地山越人的生活，村里便有了西施"鸿影初照"的吴王井，有了开窍泉与琴台、西施浣纱的染坊井。然而，千年西冲只成了西施隐遁的一个符号，以美的意象，经久地温润着民间的记忆。

西冲俞氏先祖在明清时期受徽商风尚影响，纷纷外出经商，孕育了大批商业史上叱咤一时的木商。他们在商业获得成功后，大量购置土地、鱼塘和房产，在西冲建造了大量的民居、祠堂、书院、客栈、商铺和庙宇等，并大力献田办学、捐建桥路、赈饥救灾、乐施公益，有力地推动了村庄的发展。

今天，俞氏木商营造的西冲整体风貌并没有大的改变，村落中粉墙黛瓦的明清历史建筑，错落有致。同历史建筑一起的，还有贯穿整个西冲村的徽饶古道，分布在村庄各个角落的古井，散落在村庄各处的古碑刻、旗杆石，以及水口的千年古树，他们描绘了村落的风貌特征，见证了西冲的发展脉络。

西冲古村是人与自然环境美好关系的见证，是徽商文化中诗意栖居的注脚。踏过青石板，建筑中点缀着沧桑的商贾文化；穿过古巷道，空气中弥漫着源远的墨香；触摸古雕刻，线条中流淌着极远极清的智慧，拥抱古枫树，树叶中记忆着逝去的繁华……沉入西冲，让你拥有一份记得住的乡愁……

婺北要塞

婺源县
凤山村

凤山原名"山坑"，因坐落于凤凰山南麓而得名凤山。千余年来，凤山是查氏聚居村落，并逐渐成为国内查氏主要祖源地之一。

婺源查氏始迁祖是查文徵，字希音，原居安徽歙县篁墩，为南唐（937—975）宣歙观察使，与兄文徵并著勋业。后查文徵遭逢乱

凤山村

世，挂冠而去，游婺源，见西郊廖坞景色清秀，便结庐隐居，与邑令廖平及一些硕德大儒讲学其间，且终老于此。去世后，查文徵与夫人合葬于北山之巅，后人称之为"查公山"。查文徵所葬之地风水极好，有"日上千人朝拜，夜里万家点灯"之称。

查文徵子元修为凤山查氏二世祖，字尧卿，荫授宋太常寺太祝，随文徵公由篁墩迁婺源。元修曾在梦中遇老人云"见凤而止，遇凰而住"，后至婺北凤山双路口，见山峦耸秀，可为百世之基。问里人山名，曰"凤凰山"，既有凤又有凰，与梦中老人语吻合，遂携长子甄定居于此地铸炉坦，后改名查村（今浙源中学所在地）。

凤山位于江西省上饶市婺源县北部浙源乡，为浙源乡政府所在地，距离县城约70公里。传统时代，徽饶古道从凤山村穿过，凤山因此成为婺源北部交通的重要关节点。时至今日，凤山因优美的自然和厚重的历史而赢得"江西省历史文化

名村"殊荣。

凤山周边冈峦起伏，村前凤凰山主峰凤凰尖海拔 570.6 米，如凤头高昂，周边小山似翅膀、尾巴、爪子，整座山如凤凰展翅，栩栩如生。明代邑人汪士行攀登凤凰山后留诗云："我行不百里，夜宿凤岭旁。凤凰去安在，五色想文章。不知几何年，来兹一翔翔。祇今但云山，目极天青苍。长呼不可闻，慨彼岐山冈。方今逢圣代，四海如虞唐。愿言览德辉，哕哕鸣朝阳。"

凤山村西北隅高湖山海拔 1116.6 米，山势险峻，迤逦清秀。《婺源县志》记载："（高湖山）山上有湖，宽六七亩，四时不涸，因名。侧悬双洞，玲珑轩敞，一白石如狮蟠踞洞顶，双目注水，欲雨必先出云。"

凤山北境浙岭山崖陡峻，林木葱郁，岭脊立有"吴楚分源"碑，碑附近有"万善庵""同春亭"和"一线泉"等胜迹。

凤山不仅山环水绕，风景优美，而且是一块风水宝地，坐西朝东，靠山面水，前低后高。村庄来龙由大鄣山发脉，经沱峰、浈源尖、高湖山、五龙山逶迤而来，至村后后径岭、朱唇坑岭、前径岭突然跌宕，山势由雄浑一变为和缓，煞气顿消，随后，来龙正脉在凤山村作结。凤山的朝山凤凰山如同凤凰展翅横亘村前，显得村落前堂开阔。

从空中鸟瞰凤山村，整个村落状似鱼形，大小不同、高低不等的各式建筑如同鱼鳞分布其间，错落有致。

走进凤山，村庄街道主要有两条，即西官道和东官道。其中西官道大致为西北至东南走向，与村前寒溪基本平行，贯穿整个村庄，东官道是为徽饶古道凤山村段，沿着浙源水上行可至查村、凤山等村。东官道与西官道是凤山村内交通、凤山与外界交通之要道，二者在村口汇合，大致呈"人"字形。村内小巷众多，比较大的有庙下巷、长生巷、五鬼巷、潘家巷、七房巷、花厅巷、六家巷、大夫巷、三房巷、百岁巷、豆腐巷、百万巷、麻榨巷、程家巷等十几条。这些小巷大多为东西走向，彼此错开，且少有东西贯通。这样设计有两方面考虑：一是避免冬天大风穿村而过，有利于保暖；二是出于风水考量，不让村庄财气外泄，有利于聚财。

海宁查氏

在凤山查氏外迁各支中，以海宁查氏最为著名。海宁查氏始迁祖为查瑜，元至正十七年（1357），查瑜随父查士睿（查村北门安宅公曾孙）迁居浙江嘉兴。随后，查瑜发现离嘉兴几十里远的龙山（今海宁袁花镇）一带依山面海，土地肥沃，

凤山村官道和街巷

民风淳朴，加之邑名海宁与祖籍休宁旧名相同（休宁原名海阳），龙山又与故乡凤山相对，有龙凤呈祥之意，正是吉兆，遂举家定居这片"福地"，一边"勤劳耕作，敦睦乡里"，一边"以儒为业，诗礼传家"。

明清两代，海宁查氏科甲鼎盛、人才辈出，为当地巨族。海宁查氏第一位显达之人是查瑜之子查恕。他精于医术，素有德行，闻名江南，深得明太祖朱元璋赞赏，被任命为太医院太医，获赏一品冠服。明弘治三年（1490），海宁查氏第五代查焕考中进士，成为海宁查家登科甲的第一人。有明一代，查家中进士6人，其中查秉彝、查志立、查允元祖孙三代连中进士，在当地传为盛事。清康熙年间，查氏家族人丁超过300人，进入全盛时期。10余人考取进士，5人进入翰林院，其中查慎行（原名查嗣琏）、查嗣瑮、查嗣庭更是亲兄弟3人同为翰林院编修，查家因此有了"一门十进士，兄弟五翰林"之誉。查昇（音同"鱼"）陪皇帝在南书房念书，成为康熙近侍，康熙亲笔题写了"澹远堂"的匾额赐予他，并赐予一副楹联"唐宋以来巨族，江南有数人家"以示恩宠。寥寥10余字，勾勒出康熙对查家的盛赞。此外，康熙还陆续为查家题写了"敬业堂""嘉瑞堂"的匾额，恩宠冠绝一时。可惜的是，康熙御笔的匾额和楹联，已经毁于战乱，如今悬挂于旧居的是复制件。

金庸书札

当代查氏名人中，最为大家所熟知的便是香港著名小说家查良镛先生，查先生也认可自己的凤山查氏血脉，20世纪90年代曾与凤山查氏有过书信往来。

传宦族侄：

九四年五月来函收悉，因俗务缠身，加上办公室搬迁，久未作复，甚感抱歉。来函中所提及查氏宗族渊源，我甚感兴趣。然而对家族历史我没有太多研究，所知有限，但根据长辈所言，我家的确于早年自婺源迁浙江海宁，故我们应是本家。谢你向我提供查氏家族资料，望以后多联系。匆此顺祝

新年大吉！

族叔查良镛

九五年二月五日

明清时期，得益于商业繁荣，凤山村民经商致富，过着非常富足的生活。近代以来，随着社会剧变，凤山昔日的繁华随着岁月流逝逐渐远去。今天，当我们穿梭在凤山的大街小巷，品味一处处精美的古代建筑或聆听乡老对历史文化的诠释时，无不赞叹其历史的厚重和文化的积淀，与此同时，可能也有几分桑田沧海的感慨。

徜徉凤山古村，我们几乎看不到其他古村落中随处可见的断壁残垣，这要归功于凤山查氏族人对古建筑的精心呵护，从中可见他们对家园的热爱；走进凤山村，我们可以感受到凤山查氏族人勤劳俭朴、诚信守诺、重义轻财和热心公益的传统仍存；查氏游子一如既往地支持凤山的发展，我们由此可见他们与故乡的血脉亲情没有断，对故乡的爱没有淡；龙天塔下游客竞相留影的热闹场景，村中日渐增多的游客身影，说明凤山的旅游业蒸蒸日上……所有这些，都预示着古老的凤山重新焕发着勃勃生机。

赣西北枢纽

修水县
山口镇

老街原名"山口街"，后随时间流逝，当地百姓逐渐俗称"老街"。

山口老街历史悠久，文化底蕴深厚，从山口镇中桃村北面山头隘里埂古文化遗址出土的文物看，山口古为艾城之地，老街周

武乡河老街村段

边有桃坪村隘里埂商周遗址、拓蓬村大埚里西周遗址。可以说，山口老街的文明史，从现有考古证据看，已有四五千年的历史。1982年江西省考古队便在老街村发现商、西周时期陶片、扁足鼎、石矛、石斧等物件，文化堆积层45厘米左右，遗址长约100米，宽13米，面积1300平方米。据族谱记载，隋代罗氏开始在老街村开基，现有人口1400人。

目前老街村保存清晚期建筑4栋，民国时期建筑61栋，20世纪60年代以后建筑76栋，具有传统风貌的建筑141栋，规模达数万平方米，是江西省保存完好、独具特色的建筑群，该遗址不仅是县级重点文物保护单位，而且还荣膺"江西省历史文化名镇"称号。

老街村位于江西省九江市修水县山口镇，是赣西北传统交通中心，水陆交通发达，水路方面，发源于铜鼓县大沩山铁树坳的武乡河（又名武宁水）是老街商贸的重要交通线路。武乡河是修河的最重要支流之一，是山口通往州府、省以及

吴城的最主要水路通道，经修河直至当时"四省通衢，两埠为之枢纽"的吴城，然后下湖口，进入长江，与江南地区整个市场联系起来。从清中期至20世纪70年代，一度舟楫繁忙。山口地域内的官船、商船、木筏往来不绝，漕米、茶叶、木材、茶油等大宗货物，都由这条水上交通动脉完成。陆路方面，往东、往南通往新昌、高安、樟树、南昌等地；往北通往湖南、湖北。明清以来，赣西北古商道上南来北往的客商络绎不绝。清代同治九年（1870），山口设巡检司，巡检司的设置，一方面有利于保证商旅免遭匪盗之害，另一方面也推动了山口老街商贸活动的发展。

老街坐落在九岭山脉北麓武乡河河谷山口镇集镇南面，呈南北走向，全长近3公里。明清以来，老街商贸繁盛，商品繁多，店铺林立，形成了具有地方特色的赣西北商贸街市。老街遂成为铜鼓、宜丰、奉新、高安、樟树乃至湘鄂邻近地区土特产集散和商贸活动的重要集镇，亦是赣西北古商道上重要的休息和转运场所。来自各地的木材、山货、茶叶、烟叶、夏布、火纸、蚕茧、爆竹、药材等交易于此，并从水陆两路转运至湖南、湖北乃至江浙。

走进老街村，可见天后宫、万寿宫、观音寺、梅花殿、乌江殿、七圣殿、百记栈庄园和众多店铺等老街建筑，至今仍留有传统风貌建筑141栋。街道两侧是砖木结构的店铺，临街一面是木板门，多为店铺，目前保留的店铺有协昌南货店、祥南广杂店、好古斋等老字号店等。

茶工祖师

罗坤化，字少云，号福朋，漫江乡大源里村人。修水大茶商，得五品同知衔，诰授奉政大夫，生于清道光二十五年（1845），殁于宣统元年（1909）。少时家贫，靠佣工卖柴度日，读书不多，粗通文体。30岁在漫江郭佩堂（粤商）茶庄学做茶，深得老板器重，不久即当包头。40岁后，自筹资金，独立经营"厚生隆"茶行。光绪十七年（1891），亲手制作100箱红茶，送往汉口销售。当时俄国太子在汉游历，见罗坤化所制红茶，大加赞赏。俄商争以高价购买，俄太子赠送"茶盖中华，价高天下"嵌金长方形匾一块，从此其茶遂有"太子茶"之称，坤化之名亦大噪于商界，京沪一带茶商称坤化为"茶大王"。但也有极为妒忌罗坤化的，一次汉口茶商欲败罗坤化名誉，先选各地不同品种名茶，泡茶百碗，并于各碗底标明茶叶制作者。后要罗坤化以目观、鼻闻，认定某碗茶为罗坤化所制。罗坤化

山口镇老街

仔细辨认观察后，准确无误地端起自制的一杯茶，观众无不叹服，称他为"茶工祖师"。此后，罗坤化茶市局面大展，连年告捷，年获利以万元（银元）计。

清代光绪后期，罗坤化开设"厚生隆"茶行，占据漫江茶市半条街，每年制茶万箱，每箱值银 50 两。每岁茶季，在各地开设收购庄、点数十处，远至湖北通城、湖南平江；近及铜鼓、武宁等县。令人敬佩的是，罗坤化成为富商之后，不多置田产，而乐助公益。凡乡里修桥、铺路、办学堂、建育婴院等善举，无不慷慨解囊，立捐巨资，成为老街村百姓心中永远的丰碑。

坐落在赣西北九岭山脉北麓的山口镇老街村，有悠久的历史和丰富的文化内涵。从现有老街考古证据看，山口地域文明史，可上溯到商周时代，已有 4000 年历史。居住在山口老街村地域内的民众特别是清初以来闽广之民迁入，他们以自己的勤劳和智慧创造了山口具有特色的地域文化，在江西历史上书写了灿烂的一页。在波澜壮阔的历史发展长河中特别是明清以来，以老街村为代表的农业、商贸、教育、建筑、民俗等一系列文化内涵，留下了丰富而宝贵历史文化遗产，为我们传承文明、弘扬文化、服务社会、启迪后人提供了物质和精神财富。

湘鄂赣商道

宜丰县
天宝村

　　天宝历史上又称会市、辛会（明末以来又称墨庄），天宝之名由来，据说是因"碧波清浪、物华天宝、驾重洛阳"的三国古城而得名。

　　天宝村始建于何时，已无从考证。但从天宝村近 30 年出土的文物看，天宝历史悠久，底蕴深厚。其一，20 世纪 80 年代以来，天宝村范围内先后大面积发现多处新石器至商周时期文化遗址，其典型代表左山商周遗址，出土许多石器、陶器残片、石钺、玉琮及商代铜镜、春秋钮钟、春秋战国青铜斧和青铜剑等多个早期文物。其二，2006 年 7 月至 9 月，武吉高速公路的建设过程中，在天宝村秋形垴上发现商周遗址，遗址文物散布面积约 5 万平方米，江西省文物考古研究所等进行了抢救性发掘，命名为秋形垴商周遗址。

天宝村古街

自三国时期开始，天宝曾三次设置县治。宋太平兴国六年（981），设置新昌县，天宝开始设乡，隶属新昌，元明清至民初，历代都沿袭旧制，未有改易。民国三年（1914），"因与浙江新昌县重名，恢复宜丰古称"，而乡属未有变更。民国三十年（1941），全县乡镇并为十八乡一镇，潭山从此独立成为乡镇，天宝不再辖属潭山之地。南宋时期，刘氏家族始祖刘椿任新昌县大姑岭巡检司，天宝村建设进入快速发展期。明清时期，特别是乾嘉时期，刘氏家族极其兴旺，人才辈出，进士、举人繁多。刘氏族人凭借雄厚经济实力，大规模建设村落，天宝村处于历史上最辉煌时期。整体表现为"六多"，即市多、门多、宅多、巷多、井多和人才多，形成了具有浓郁地方特色的赣西北古村落，是江西省最早、规模最大、较为完整的古村落之一，被誉为"江西第一古村"。得益于先祖的恩赐，今日的天宝村先后荣获"中国历史文化名村""中国民族优秀建筑文化魅力名村"及"全国生态文化村"等殊荣。

天宝村位于江西省宜春市宜丰县城境北23公里处的天宝乡集镇上，处赣西北九岭山脉南麓。目前江西两条南北向和东西向高速公路大动脉——大广高速与昌铜高速在天宝古村东侧400米处汇合，形成了十字交通枢纽，贯通东南西北四个方向。

天宝村俯瞰

天宝村面积约2平方公里，现有人口近6000人，绝大部分为刘姓；古村东南有2500余米护村河，西有藤江河，北面有1400余米古城墙遗址。村内有明清建筑140余栋，建筑规模达数十万平方米。

天宝虽处山区，但水陆交通网络很发达，水路方面，经耶溪河通入赣江直抵吴城。明清时期，耶溪河又称盐溪、鸦溪、藤江，不仅是新昌境内最大的河流，而且是新昌县通往府、省以及吴城的最主要水路通道。天宝村依托耶溪河水运与向东经凌江口汇入上高的锦江，穿过瑞州中部，流经丰城北部，于新建流入赣江，顺赣江北上，直至当时"四省通衢，两埠为之枢纽"的吴城，然后下湖口进入长江，与江南地区整个市场联系起来。

明清时期天宝村一度舟楫繁忙，境内官船、商船往来不绝。漕米运输都由此道"拨赴南昌，庐潭、吴城、九江、泾江等处水次交兑"。在天宝地域沿耶溪河向南建有三大码头：一是洣溪码头，二是平溪码头，三是藤江桥码头。这些码头是天宝地域内商品集散、装船外运的聚集地。

陆路方面，天宝村往南、往东通往樟树、南昌，往北通往湘鄂，是赣西北通往湘鄂古商道的枢纽。这条往北通往湘鄂两省的陆路，起点是新昌县城北门，经石门桥、曹家岭、桶楻岭、丰口（今枫口）、老鸦石、藤江桥、凌云亭、辛会、

潭山、乌江下、上石桥、大姑岭、汉塘、找桥至八叠岭与宁州交界。越过八叠岭，经宁州的塘子里、带溪，于大塅分道，往北至山口、蓼坑口、和尚洞、西堰、白沙岭至黄荆岭与湖北通城交界。往西南，经三都、永宁、到排埠与湖南浏阳交界。

天宝村元宝井

远眺天宝村，四面环山，呈现自然船形地貌，村庄东西长约1000米，南北宽约880米，总面积2平方公里。村落北面靠山，有一段约1500米自东向西的古城墙围护古村北面，东南西三面有一条长1600余米的护村河环绕而过，河岸内侧尽植兰竹，将天宝村遮隐其中。耶溪河谷盆地四周是崇山峻岭，海拔千米以上的山峰就有10座之多，这是一个天然屏障，在这个封闭的盆地里，土壤肥沃，发源于众山的诸多溪流，从四周向穿过盆地中部的耶溪河汇集，农田灌溉十分便利，盆地周围的山岭，又遍布各种资源，特别是竹、松、杉等植物资源非常丰富，为天宝村后续发展提供了可靠保证。加之天宝村向南可经耶溪河与赣江相连，向北可通湘鄂的交通网络，以至于内可养、外可输，为天宝古村的建设和人口繁衍提供了发展基础。

天宝村现有民居200余幢，明清古建筑140余幢，占地面积9.41万平方米（绝大部分居住了村民），其中重点保护的有22栋，古石板路总长7375米，古巷43条，古门楼4个，古井26眼，古桥9座，古牌匾25块。近现代建筑60余栋，占地面积4.1万平方米。房屋坐北向南，分排林立，规划完整合理。有宗祠、亭阁、画锦堂、观音堂、官厅、民居、石碑坊、宝塔、庵观寺庙等十大类。

天宝双杰

刘钦邻，字邻臣，号江屏。清顺治十八年（1661）进士，授广西富川知县。康熙十二年（1673）吴三桂叛乱，广西将领孙延龄附应吴三桂攻打富阳城。富阳陷落后，刘钦邻率家丁40余人与叛军展开激烈巷战，终因寡不敌众而被捕。刘钦邻被捕后，叛军欲授官印诱降，刘钦邻将官印掷之于地并予怒斥，叛军于是将其打入重牢。在狱中，刘钦邻写下了《绝命诗》《殉难诗》各一首："城社丘墟不自由，孤灯囚室泪双流。已拼一死完臣节，肠断江南亲白头。""反复南疆远，辜恩逆丑狂。微臣犹有舌，不肯让睢阳。"这两首诗充分表达了刘钦邻不屈不挠、视死如归、精忠报国的慷慨气节。

天宝村祠堂天井

天宝村刘氏宗祠

刘师舜（1900—1996），字琴五。远祖刘大成，曾任湖北竹山县知县，因公殉难，入祀本县忠义祠。曾祖刘如玉，历任宁远知县，直隶州知州，见知于曾国藩，崇祀本县乡贤祠。祖父刘茶生，清末曾任湖南常宁、龙山知县，民国期间，历任零陵、进贤、嘉定县长。刘师舜自幼聪颖过人，启蒙不久，就能担任家庭写信、记账等事情。12岁考入北京留美预科班（清华大学前身），中等、高等科各肄业4年。20岁赴美留学，在海外学习期间，先后获翰霍金大学学士、哈佛大学硕士、哥伦比亚大学博士学位。1925年回国，任清华大学教授，国民党政府外交部司长、政务次长，驻加拿大、墨西哥大使，驻联合国"代表"等职。1958年退休，台湾当局要他回台定居，他却侨居美国加州普林斯顿，国民党政府不发退休金给他，他宁愿由子女供养，不愿为五斗米折腰。数十年来，他笔耕不辍，为中外文化交流做出了巨大贡献。主要译著有：英译《中诗选辑》，陈立夫著《四书道贯》，吴沃尧《二十年目睹之怪现象》，《唐宋八大家文选》，改译《四书》《中诗续辑》等，中译英诗《沙场寻父行》，著作《出使加拿大回忆》等。他还写了《再论陶渊明原籍》一文，论证陶渊明原籍宜丰，先发表于《东方杂志》《江西文献》。

天宝古村，历史悠久，人文厚重。从现有考古证据看，天宝文明可上溯到商周乃至新石器时代，已有四五千年历史。世居在天宝村的各个家族特别是墨庄刘氏家族，以自己的勤劳和智慧创造了天宝古村深厚的村落文化，在历史上书写了辉煌的篇章。

走进天宝村，可见三街六市，六门十三第、四十八条巷四十八口井、内外八景等布局让人耳目一新，流连忘返。上会、中会、下会、辛会市、庙下、燕窝等主要聚居区的房屋基本上是自东向西连为一体。当地有句民谣："天宝大唔（不）大，请君自家看，东西十里长，布鞋不湿脚。"

今日天宝，山水依旧，景色迷人，悠久的传统民居依然保存完好，厚重的人文和良好的家风仍在传承，那一幢幢古建筑，那一条条古街巷，那一块块古牌坊……见证了天宝村往日的繁华，不仅是天宝后世子孙珍贵的物质财富，而且是他们传承久远的精神财富。

三川归一口

德兴市 海口镇

　　"海口"名称由来有两种说法：一说在海口有"三川归一口"现象，故得名"海口"。三川是指源自浙江开化县的体泉水（清代德兴县志称之为"醴泉水"）、安徽的乐安河与来自东部李宅乡的李宅水。"海口"处于传统的皖、浙、赣三省交界地带，三省之水在此汇流。另有一说以"海"喻人众，地面广大，村庄开初建在乐安河畔一马平川的荒洲上，故名"海川"。

　　据《德兴县地名志》记载，唐初德兴县邹家畈的邹姓最早在海口建村，后婺源胡姓、临乡揭家坑揭姓相继迁入。又据海口董氏《冑百七七公支谱》记载：唐乾符年间（874—879）吏部侍郎董申由抚州宜黄县迁居海口，为董姓开基之祖。

　　南宋嘉泰年间（1201—1204），婺源县练姓迁入，由此构成海口村民主体的邹、胡、揭、董、练五姓人群，以及海口村民周知的"五姓起家"掌故。清嘉庆二十四年（1819），海口董氏重编《董氏实录》，其中"户口"一项把村内邹、胡、练、

海口镇俯瞰

揭等姓氏称为"杂姓老居"。应该说，董姓在海口发展后来居上，逐渐成为海口的望族，占据主导地位。一块陈展于德兴市博物馆的清乾隆十三年《重建西林寺记》碑文称："吾乡聚族而居者，八姓里甲相联，如古同井之谊……"，后部可见60多个捐资人名（或祠名），董姓44人，练姓6人，邹姓5人，胡姓3人，揭、江二姓各1人。再如海口村民前几年整理的海口进士名录中，宋代部分记录53人，其中董姓49人，汪姓2人，邹、江二姓各1人，明代22人，其中董姓18人，练、胡、邹、陈姓各1人。

练、胡、邹、陈姓等姓氏在海口发展千年，依然留下不可磨灭的印记，60岁上下的村民小时候走村子西南角要经过"邹家碓"；在海口村上市一带，过去有胡家祠堂和"胡家塘"等；南门出口处有"揭家井""揭家坑"；练姓则有"练家坑""练家弄"，现在靠近村口马路边的那个药房，就是建在老练家祠的基址上。据村民回忆，练氏旧祠规模很大，"土改"时还曾有些地主住在里面，1958年前后因年久失修而倒塌。

海口镇位于江西省上饶市德兴市东北部，地理位置优越，距德兴市区35公里，东部是新岗山镇、李宅乡，南靠龙头山乡，西接泗洲镇和德兴铜矿，北与婺源县以乐安河为界。目前，海口镇区面积60.5平方公里，海口村占地面积0.5平方公里。户籍人口3300人，常住人口4300人。

海口交通便利，德九公路（省道201线）横穿该镇杜村、海口、江田三村，德昌高速公路与合福（合肥—福州）高铁穿境而过。上德（上饶至德兴）、景婺常（江西景德镇至浙江常山）高速公路、九景衢铁路（江西九江至浙江衢州）、乐德铁路（乐平至德兴）延伸线均在镇旁。

海口先民选址十分讲究，以城墙包围村庄，外围环以护城河，周边山体环绕，如此一来海口犹如碗底一块突出的石头，周边视野开阔，有利于观察敌情。基地四面临水，地形中间高周边低，犹如一只在水中游动的乌龟，选择在龟背上建城，取水方便，又防水淹。村外围以城墙，墙外又筑有壕沟，海口俨然一座城池。这是宋代形成的基本规制和格局。

宋以后，海口发展迅速，凭借便利的水路交通与河港贸易，经商致富者比比皆是。有钱之后,海口人大兴土木,城墙之内宫、观、庙、宇、亭、台、楼、阁、轩、院、祠、寺等建筑一应俱全,石雕木雕精美绝伦。祠堂有72座之多,书院5个,戏台3座,商贸河埠3处。现存古民宅建筑技艺精湛,富丽雅致:厅堂宏阔,青石门框硕大。从实地考察来看,海口村四围城门城墙建设别具特色。海口村旧有8个门:其中北门有3个,城门相应地直对乐安江边3个码头,至今还保存了东、西两头的2个。南门也是3个,和3个北门相对应,原来均有护城河。旧时出南门后3条交通要道,一通李宅,一通舒湾,一通杜村。西门一个已不存,基脚尚存依稀可见。东门的上半部分毁于20世纪30年代,但下半部分完好,2008年修成完整的"东门",并成为现今海口村内唯一"门(楼)",海口由此入选"江西省历史文化名镇"。

海口董煟

海口董氏是当地的名门望族,宋明时期以考中进士多而著称德兴。董氏人才辈出,入仕者亦多,其中有一位学者董煟撰写《救荒活民书》,为中国灾荒史研究起到了筚路蓝缕之功。

董煟,字季兴,南宋绍熙五年(1194)进士。曾任瑞安知县,据书前自序,

乐安河河段

董煟自幼便立志要减轻贫苦农民水旱霜蝗之苦，后来总结历代救荒赈灾政策利弊得失，写成此书。全书3卷，全文38000余字，附《拾遗》7000余字。上卷考古证今，论述较详。中卷条陈救荒之策，备述救荒之具体办法。包括常平、义仓、劝今、禁遏籴、不抑价、检旱、减租、贷种、恤

海口镇古驿道

农、遣使、驰禁、鬻爵、度僧、治盗、捕蝗、和籴、存恤流民、劝种二麦、通融有无、借贷内库、预讲救荒之政、救荒仙方等细目。其中捕蝗一目作者一再强调"蝗蝻则有捕瘗之法。凡可以用力者，岂可坐视而不救耶"，批评宿命论者无所作为的遁词，记述了世界上最早的治虫法规，即北宋熙宁八年（1075）颁布的"熙宁诏"和南宋淳熙九年（1182）颁布的"淳熙敕"，并总结了当时行之有效的七条捕蝗方法，对后世的治蝗工作和治蝗著作编写有深远影响。下卷为救荒杂说，备述本朝名臣贤士可资鉴戒的救荒议论。《拾遗》部分包括前代除蝗条令、捕蝗法、赈济法等。

千年古镇海口，依托皖、浙、赣交界的便利交通，获得了良好的发展优势。南宋开始迁居于此的董氏逐渐成为当地的名门望族，人才辈出。董氏为后学所立之学则，今天读来还意义深远，诸如居处必恭、步立必正、视听必端、言语必谨、容貌必庄、衣冠必整、饮食必节、出入必省、读书必专、写字必楷敬、几席必整齐、相呼必以齿等内容，历久弥新，这也是海口后人传承千年的良好风尚，必将泽被一代又一代的海口百姓……

赣闽要冲

铅山县
石塘镇

信江河沿

　　石塘之名的由来据说是五代时期（907—960）石塘镇北面有方塘十口，故名"十塘"，此后当地百姓慢慢谐音为"石塘"。

　　五代时期，石塘长期处于江南杨吴（902—937）、南唐（937—975）与福建闽国（909—945）对峙最前线，是不适宜百姓居住之地。北宋以后，以石塘、紫溪、车盘为中心的铅山县南部山区不断开发，祝、周、郑、鲁等姓氏开始进入石塘，并逐渐形成强大的家族规模。明代嘉靖（1522—1566）中叶以后，石塘手工造纸业开始迅速发展，因为地处丘陵山区，石塘产纸具有得天独厚的优势。自古盛产毛竹、车竿竹、水竹、苦竹、斑竹、紫竹、凤尾竹、棕竹、箬竹等各种竹子，手工造纸原料取之不尽，用之不竭；山区终年不断的山泉溪水，可为造纸提供充足的优质水源；满山遍野的柴薪，能为手工造纸提供廉价的燃料；造纸所必需的植物纸药，如毛冬瓜、南脑、鸭屎柴和石灰等也可就地取材；加上石塘河与古驿道将石塘与外部紧密相连，可使其生产的纸张销路畅通。因此，当时石塘是一个四方商贾辐辏的纸业巨镇，"每岁造办，不知几万亿"，当时石塘纸业贸易规模巨大，自石塘至温林关入崇安县，江西、福建两省之间的商贸活动也极为兴盛。"上自进御表启"，说的正是石塘地方生产的最负盛名的"奏本纸"，"文牍简书之费"是指石塘生产的"关山纸"和"毛边纸"。

明代万历时期（1573—1619），石塘纸行销河南信阳与南直隶芜湖、舒城、安庆等广大地区，当时铅山一县所产纸的名目共有14种之多，其中石塘以生产"毛边纸""奏本纸"著名，石垅，也就是今天武夷山镇的石垅村一带有一种专门用来书写经典的白棉纸，又名"水玉笺"，是宋代人颜方叔所创。同时，后世铅山纸业最负盛名的"连四纸"，在万历四十六年（1618）前后已经出现。由此可知，经过嘉靖中期到万历后期的发展，石塘纸业的生产与贸易规模已经急剧地扩张开来。

明代石塘因此聚集了大量外来人口，其中福建移民尤多。清代乾隆、嘉庆以后，由于各地雕版印刷业的发展，各种书籍印刷用纸量大增，石塘纸业长盛不衰。一直至民国，石塘纸张通天下，成为全国著名的手工造纸业中心，纸号纸栈密布，商人会馆众多。由于北接河口抵近弋阳、横峰，南连崇安与闽北接界，铅山南部又成为近代以来苏维埃革命运动中闽浙赣苏区、闽北苏区与中央苏区相互联系的中间地带，从"东坑暴动"到红十军攻打石塘，从"石塘整编"到"石塘集中营"，近代革命在石塘留下了光辉足迹。厚重的历史传承至今，使得石塘荣获"江西省历史文化名镇"和"中国历史文化名镇"称号。

石塘位于江西省上饶市铅山县东南35公里的武夷山北麓，地理位置优越，东邻英将乡，南接武夷山镇，西同紫溪乡毗邻，北与稼轩乡、永平镇相连，总面积为54平方公里。下辖8个村委会和1个街道居委会，有115个村民小组，49个自然村，人口1.7万。

石塘交通便利，从明清纸张销售路线就可以看出，明代石塘纸外销路线分东、西两条。东路顺石塘河、铅山河而下，再溯信江而上至上饶，然后转运杭州、苏州等地。西路沿石塘河、铅山河而下，经信江西去，经鄱阳湖至九江等地，或由鄱阳湖

石塘镇纸行商号

石塘镇造纸场景

出湖口至汉口，再由汉口南销长沙、广州及南洋各地，或北运京津，东销芜湖、南京等。无论东路、西路，石塘纸都要在河口镇的码头卸下，或拨大船继续外运，或由河口镇的巨商大号收购，再运销外地。

清代石塘纸张的外运大部分先由陆路或水路运至河口镇，再以河口镇为中心形成北、南、西三条主要外销线路。其中北路由河口镇出发，顺信江而下进入鄱阳湖，出湖口溯长江而上至汉口，再由汉口溯汉水而上至樊城、张家口，然后转陆路经内蒙、蒙古抵俄罗斯西伯利亚，再运销各地。南路则由河口出发至鄱阳湖，溯赣江而上至南安大余登陆，再肩挑背驮车载马运越过梅岭，再次装船由水路运至广州十三行，销往南洋各国和世界各地。西路则由鄱阳湖入赣江，溯江而上至清江，再折袁水，经新余、袁州（宜春）至芦溪登岸，过萍乡入湖南境内销售。北、南、西三路行销，最终形成"石塘纸张通天下"的盛况。民国时代石塘的纸张则主要是销往浙江、上海、南京、苏州等地。

"东坑暴动"

石塘在中国近现代革命史上发挥着重要作用，在这片红土地上发生了诸多可歌可泣、值得铭记的革命活动，其中"东坑暴动"尤其值得书写。

东坑是铅山南部的一个小山村，1930年春，东坑农民黄凤阶、余水发、周茂祯到崇安西乡挖纸药，受崇安民众组织的影响，加入了民众会，之后又受崇安民众会的委派，回到东坑，并在石垅、篁村等地秘密宣传革命思想，不到两个月时间，就在东坑至石垅一带动员贫苦农民与手工业者100余人参加了民众会组织。鉴于革命形势如火如荼，他们觉得时机已经成熟，便决定由黄凤阶与崇安民众队组织取得联系，准备举行武装暴动。6月初，受崇安民众队的委派，夏年祺率领10余名民众队员随黄凤阶从崇安来到东坑。经过商议，他们决定成立农民革命团，同时确定了暴动的时间与方式。1930 年 6 月 13 日至 21 日，夏年祺与余水发、黄凤阶、周茂祯等率领民众队员先后奔袭了篁村、石垅、杨村、叠石、杨村以及国民党紫溪乡公所，横扫了这些地方的地主土豪势力，史称"东坑暴动"。

1930 年 7 月 9 日，夏年祺、余水发等 10 余人跨过信江，主动寻找到当时的中共信江特委，并向特委领导人方志敏、黄道汇报和请示下一步的行动策略，以及商议编组红军事宜。8 月 7 日，方志敏、黄道指派陈其富、方友三带领一支红军队伍，随夏年祺、余水发等人回铅山南部增援，同时批准东坑暴动武装组建为红军独立连。为了进一步打开石垅的革命斗争局面，中共信江特委又决定派遣赵伯友、朱凤山、许广文等人率领一支有 20 多支枪的游击队前往石垅，协同周茂祯、黄凤阶、林芳祥等人率领的起义队伍建立"南岸革命委员会"。9 月 11 日，"南岸革命委员会"在石垅成立，隶属于赣东北特区革命委员会，并编组了一支由信江北岸过来的游击队员和参加过"东坑暴动"的农民武装组成的游击队，编制为一个连，由许广文任连长。之后一个月时间内，游击队先后袭击了叠石、涂家、篁碧、紫溪、石塘、杨村等铅山广大南部山区，政治影响日益扩大。从而使铅山南部成为沟通信江流域革命与闽北革命的一个中间地带。

位于武夷山北麓的石塘镇是中国历史文化名镇，建镇 1000 余年，因其丰富的自然资源和便利的交通优势，在数百年发展过程中，形成了颇具特色的发展模式，即驰名中外的石塘造纸，从明代一直到民国，石塘是一个四方商贾辐辏的纸业巨镇，"每岁造办，不知几万亿"，成为全国著名的手工造纸业中心。纸业大镇吸引了许多外地的游民，特别是来自武夷山南麓的福建移民，大山南北两边民众的政治经济、思想文化的交流进一步加深。近代以来的风云变幻，石塘处在革命的最前沿，产生了很多可歌可泣的革命事件。所以，石塘一直在历史发展的舞台中扮演着重要角色。今日石塘百姓在不断地传承家族与家乡的历史文化传统，正在为建设社会主义新农村和弘扬红色革命精神、打造红色旅游品牌增光添彩。

紫阶官道

安福县 柘溪村

柘溪村名由来，据说与当地的柞树坳有关，柘溪村位于柞树坳之西，有一条小溪从东面柞树坳流过，故取名"柘溪"。柞树为落叶乔木，在江西并不多见，在安福，柞的发音和柘的发音一样，都是 zha（四声）。

柘溪村始建于北宋大中祥符年间（1008—1016），由曾任西凉郡守的刘楚翁卸任后在此开基繁衍，千余年来，刘氏后裔在此繁衍生息，如今已传到第 36 代。2000 年，柘溪村建村 1000 周年时，村民在村口建了一座刘楚翁纪念碑，以纪念这位刘氏开基始祖。目前，柘溪有刘氏 360 余户，1980 余人，为第 32 世至 39 世，分居厦屋、燕堂、东堂、中堂、仓下五个自然村。

柘溪村俯瞰

柘溪村古宅

柘溪村大夫第

柘溪传统建筑特色鲜明，至今还保留有 77 栋明清古建筑，这既是刘氏族人及宗亲世代生息的家园，又是庐陵民居的典型代表。柘溪刘氏自古崇文重教，耕读传家，商儒并重。如此厚重的历史和人文，使得柘溪声名远播，也赢得了诸多荣誉，如"全国文明村镇""中国传统村落""江西省历史文化名村"和"江西省生态村"等称号。

柘溪位于江西省吉安市安福县金田乡西北，距乡政府 7 公里，距县城 42 公里。村庄三面傍山，扼岭之冲，坐落于古代官道边，明清时期从安福南门出发经五里岗，从寮塘小水到洲湖大亨福车，再到柘溪、柘田，经永新到湖南，有一条紫阶官道。这条官道为安福柘溪以南各乡民，以及南面永新县旅客陆路北上宜春、新余、南昌，东向吉安的必经之地，也由此成为古代安福人流、物质、信息的聚散地。同时，柘溪村民沿着这条紫阶官道，闯湖广、下云贵、走四川。

柘溪人杰

柘溪人外出经商致富后不忘回乡培养子弟读书入仕，因而柘溪人才辈出。刘笏堂，字汝璆，清同治年间任杭州知府。刘汝璆家世寒微，父亲小时候靠背木炭到市上去卖，攒下了一些家业，后散尽家财给族中贫寒之家，自己只留下几亩薄田度日。家里每五天吃一回肉，不超过半斤。其父通音律、善抚琴，终日与琴为伴。其母是童养媳，7 岁嫁到刘家，每天用少许米加苋菜煮粥吃。刘汝璆做官后，不忘慈母养育之情，绘制《慈苋图》记录这事。一天，曾国藩在刘汝璆书房中见到此图说："儿子不可只记住母亲不记着父亲啊！"刘汝璆立刻省悟，因父亲喜欢琴，就将图改为《琴苋图》，图中只有一张琴，一筐苋菜，没有别的东西。刘夫人是贤德妇女，虽与知府终日相伴，住在知府官署，但依照家法，每五天买半斤猪肉。刘汝璆因其病，商量适当增加一点，夫人说："家规不能由我破坏，如果增加一点，怎以对得起父母，又怎么教育好子孙呢？"刘汝璆想雇个人为她做饭，夫人又说："你还有继母在老家，没有雇人为她做事，为什么要雇婢女、老妈子供我使唤呢？"刘汝璆在任金、衢、严道台时清正廉洁，重视教育和水利。孔子的第73世长孙孔庆仪当时在衢州生活，家里穷困潦倒，连赴京考试的盘缠也难以筹措，同治年间（1862—1874）还要靠左宗棠的接济才能维持生计。刘汝璆一上任，就请示上级官府同意，将金华府浦江县平粜米本支持孔氏家塾。他认为做官一定要把教化百姓放到首位。商议兴办乡课，想在一州八县普遍实行。他看到孙衣言写的《群经评议》，就请孙抄个副本给他，以便刻板印行，并付了孙的抄书费，后来孙衣言才知晓，虽贵为知府，

柘溪村巷道

柘溪村刘氏祠堂

柘溪村白马庙

但刘家十分拮据，付的抄书费还是从钱铺里借来的。他两次上书，请求清查荒地，为逃亡之民提供土地，保障生活，他还大力兴修水利，疏浚塘坝，并推广脚踏水车，"以吸大江之水，至高阜之田"。

柘溪古村，建在安福南乡北山中段的天平岭下，五条山仚，像五条运龙，匍伏在大地。秉承天人合一的传统理念，民居依山而建，聚族而居，演绎了福寿安康生命之歌。

千年古村柘溪依山傍水、古柏参天、环境优美，刘氏族人在此一代代繁衍生息。77栋明清建筑，特色鲜明，不仅是刘氏族人及宗亲世代生息的家园，而且是庐陵民居的典型代表。"惟耕惟读，崇文尚教"，是刘氏族人世代恪守的祖训。这是一代代柘溪人的信念和希望。一座书院，八栋书舍，四杆黄龙旗，彰显了名门望族的尊贵和荣耀。大祠藻井上的戏文彩绘，宣扬着做人的根本道德。今天，柘溪人仍以先祖为荣，以读书为荣，崇文风气代代相传……

瑞宁驿路

瑞金市密溪村

　　密溪村名的由来始于南宋，据《瑞金县地名志》记载，密溪村开基祖罗密峰于宋咸淳年间（1265—1274）从兴国白石迁居而来，他非常喜欢这密密如织的溪流，便用了自己名字中的"密"和这一地的溪水的"溪"，取名"密溪"。

　　隋唐时期（581—907），密溪村就有王、宋二姓聚居，迄今已有1400年左右。南宋时（1127—1279），罗氏先人由宁都大埠辗转至此，在凤凰山下开基，罗氏始祖罗密峰常在宁瑞之间贸易往来，因地利之便，于咸淳年间（1265—1274）定居于此。此后，密溪村为罗氏单姓聚居村落。

　　可以说，密溪村是典型的因商道而兴盛的村落，交通便利使密溪村不仅长久保持兴盛，而且吸引了众多文人学者作诗为文以记。清嘉庆九年（1804），阙维枚在《密溪记》记载："距瑞金县治北五十里，有村名密溪。环村皆峰，峰皆耸秀，而拱若儿孙之于宗祖……庐舍千余甍，良田数百顷，邑著姓罗氏世居之，越今五百余年，无异姓杂处。凡壤畴山林在望者，皆其所有，未尝一外去。户口数千丁，无巨富亦无甚贫。编室皆闻弦诵，四野悉勤种耕，人多秀杰而老寿。敦礼让，绝浇习，雍雍然淳庞风也。"道光二十七年（1847），《密溪罗氏五修族谱·县学教谕徐拜扬序》中记载"……余常一至其地，土地沃饶，山川清淑，耕者质以朴，读者秀而文。名贤生长之区，孝悌诗书流风固未艾也"。清光绪七年（1881），陈家瑶在《尊闻居士集·跋》中对密溪这样评价：先生所居曰"密溪"，山水奇秀甲一邑，去余居七十里而近。每至邑，必道密溪。望凤凰山顶，云气郁然，徘徊久之不能去。太史公所谓"高山仰止，景行行止，虽不能至，心向往之"者，非邪。由此可见密溪村自然之美，人文之盛。

密溪村位于江西省赣州市瑞金市九堡镇东北12公里处的凤凰山下，全村国土面积7.5平方公里，多为山地。现有耕地1560亩，山地面积29800亩，300余户，3000余人。经济作物主要有水稻、烤烟、脐橙、油茶、木竹等。

有三条小溪流经该村汇合于环溪水库，此后有人根据密溪村优美的自然风光作诗云："一带密溪淌绿水，千寻松竹染红霞。"密溪因"好山好水"获"江西省历史文化名村"称号。

密溪地处瑞金、宁都交界区，为瑞金连通宁都官道上的重要驿站。从瑞金县城起30里到九堡圩，再15里到官仓，再5里到石人坑，复行5华里山道，便豁然开朗，现出一块小盆地即密溪村，凡到此者必须歇宿一晚，次晨起程，行30里山道，便抵达宁都县境内的里迳圩。密溪北与宁都对坊乡寺背村毗连，东邻大柏地小岭，西界冈面乡渡头村，南面环溪水库和富村富田两村。清隶属宁都直隶州瑞金县承一乡池口隘，民国后属瑞林区渡头乡，苏区时期为长胜县渡头区所辖，建国后属九堡镇。

密溪的村落布局十分讲究，驿道四通八达，每条都以石块砌至十里之外：第一条，东经岭子下→茶头坳→山河→大柏圩；第二条，北东向经大坑牛婆崬→里迳→黄石贯→宁都城；第三条，西北向经大山崬→小罗屋、枭米崬→瑞林圩；第

密溪村

四条，正西经金岭崇渡头→黄沙→岗面圩；第五条，西南经石人坑→官仓→雪竹
崇→穿龙坳→瑞金县城。直到大柏地宁瑞公路通车，这些古驿道才慢慢冷落下来。

密溪屋宇多为坐北朝南，面对南边水口，据说这是先人"依山造屋，傍水结
村"而成，有"背山面水，负阴抱阳"之势。4座古"风水塔"依东、南、西、北
4个方向建在远处山顶上，犹如四道屏障，紧护着密溪村。

密溪还有"七祠立村"之说。在村中心地段（古称风吹罗带形）一字排开5
座大宗祠，一律背靠西北，面朝东南，依次为应宗公祠、密峰金铎公祠、石泉公祠、
应文翁祠、淳夫公祠，附近还有东塘公祠和怀东公祠。

密溪好人

千年古村密溪在罗氏族人的代代相传下，不断发展，成为当地著名的历史文
化名村，罗氏族人始终坚守自己的家规族训，产生了诸多值得书写的历史先贤，
如清代著名的理学家、佛学家罗有高，清嘉庆翰林院编修罗大用，中华人民共和
国成立后原甘肃省卫生厅长罗宏先等。而现在80高龄的罗振坡先生则是密溪文化
的代表性传承人。

2015 年 6 月 11 日，密溪村在"好人好事好风尚，新村新貌新气象"的"身边好人榜"上刊载了《身残志不残 八十余载不等闲——记中国诗词家协会会员、全国兰花诗书画专题大赛得奖者罗振坡老人的平凡一生》的文章。

罗振坡，男，1937 年出生，密溪村上新屋人。自幼家境贫苦，勤奋好学，1952 年敢创小学毕业，在全九堡统一会考中夺得第一名，被瑞金中学录取。因家庭条件不许，无法就学，时年 15 岁，跟着母亲在家务农，挑起了养家糊口的重担。他闲时专研文学，爱书如命，勤于写作，并频繁投稿于《赣南日报》，1964 年被评为《赣南日报》模范通讯员，而后曾任村干部和文化站长，获得多项荣誉奖励。

1973 年 10 月，振坡先生因公致残，时年 36 岁。他身残志坚，40 年如一日，无论在病床上、轮椅上、白天还是晚上，都以顽强的毅力坚持看书、作画、投稿、整理历史资料，先后编辑出版了《密溪村文史资料汇编》《尊闻居士集》《母亲的财富》等珍贵资料和文集，为密溪后裔了解历史，承先启后，继往开来，留下了一笔宝贵财富。

如今年近 8 旬的他，仍然不偷闲，时常挂念密溪的事业发展，不计报酬担任历史文化顾问，是村史研究的活字典。他的业绩，受到了各级政府的高度评价；他的为人，获得了密溪村民们的尊敬与爱戴。

密溪村是一座有着千年历史的客家古村落，为著名理学家、佛学家罗台山家乡，亦是中华苏维埃红色基地。密溪地处瑞金、宁都交界区，为瑞金连通宁都官道上的重要驿站，属于一个因商而兴的村落。以商兴文，密溪罗氏崇文重教，发展宗族教育，自明代至民国年间，密溪罗氏族学兴盛，如南屏书舍、醉书乡、私立育德学校、台山小学、明新学校等。其中 1918 年至 1931 年创办的私立育德学校，1937 年至 1938 年创办的台山小学，校歌保存至今。

今天的密溪人在用他们的方式传承传统文化，创造性地开展道德·法制讲堂活动，坚持"五个一"流程，即唱一首歌曲（每一次开讲前，组织学唱公民道德主题歌曲）、看一部短片（围绕主题，组织群众观看一部道德建设先进人物事迹的短片）、诵一段经典（组织群众诵读一段中华传统经典语录）、讲一个故事（讲述一个发生在群众身边的体现民族精神、时代精神或传统美德的典型事例）、做一番点评（由群众评议身边好人好事，讲述心中感受，品悟道德力量，升华自身境界）。讲堂不仅收到了良好的社会效益，而且让百姓从内心真正感觉到了文脉传承的力量。

三省通衢

寻乌县
周田村

周田村

周田村名的由来，源于当地流传着一个吕洞宾的故事。传说周田有一条梯公河，自北向南穿村而过，并汇入寻乌水。小河东西两岸尽是两百米高的山地，蕴藏着丰富的矿产资源。吕洞宾慧眼识金。一天凌晨，吕洞宾用芒杆挑着两块从美女身上摘下来的宝石——调子石、仙人石，腾云驾雾匆匆前往。到了周田村南的狮子林山巅，天刚蒙蒙亮，这时有位早起的牧童，看见这位精神矍铄、胡须飘逸的长者竟然能够用芒杆挑起两座石山，惊叹不已，便大喊："快来看，有位老人……"旁边一位见过世面的妇女心直口快地说："不是人间老大伯，而是天上吕洞宾。"话音刚落，芒杆骤断，仙人遁身离境，调子石、仙人石便落在周田境内。吕洞宾挑石的初衷是将调子石放在梯公河北端，将仙人石放在梯公河南端。河水从调子石中间缝隙流入境内，制造一个水乡泽国，取名"周海"，然后把象征天子的龙王从青龙岩引来常住。可惜吕洞宾身份被农妇识破，瞬间"周海"变为了"周田"，意为"四周皆良田"。而据《寻乌县地名志》载周田之名与当地地形相关，"周田，在澄江圩东6公里处，村建于四周高山，中间低平的田墩中心得名"。

根据周田王氏族谱记载，元代王氏先祖王丙一（城冈开基祖）由福建武平赤竹岭迁至澄江镇王屋。明万历年间（1573—1619），周田开基祖王梯从王屋迁至周田开村立基，迄今已有 500 多年历史。

自王氏立基后，该村张、何、邱、谢、李、马等姓氏后来都在清末民国年间陆续迁走了，现在周田为王氏单姓聚居村落。据王氏族谱和《寻乌县志》记载：周田开基祖王梯的曾祖父王裳在明朝嘉靖年间（1522—1566）历任上杭县令、广东布政司都事，而王裳之父王凤在明朝正德年间（1506—1521）曾任谏议大夫。

周田村因历史文化深厚，人文厚重而荣获"江西省历史文化名村"称号。毛泽东在《寻乌调查》中引用了寻乌客家俗语："项山的糯，三标的货，周田的屋，长畲的谷。"其中"周田的屋"指的就是"周田十八座大屋"，至今仍完整保存的有 15 座精美古民居。

周田位于江西省赣州市寻乌县澄江镇，东与溪尾村相邻，南与吉潭镇渔溪村相交，西与团山村接壤，北与族亨、长舍村交界。目前周田村下辖 9 个村小组，总户数 350 户，1497 人，耕地面积 830 亩，果园面积 3200 亩。村庄产业以农业为主，主要种植脐橙、桔子等果树。

自古以来，周田即为驿道汇集之地，属于赣、粤、闽"三省通衢"，广东的平远县差干镇烽岭牌村、福建的武平县东留乡龙溪村与周田一山之隔，一条穿村而过的古驿道将三省三村一脉相连。当你沿着周田村的古驿道向南行走，便可以很快到达赣、粤、闽三省交界点，其上有一古亭，叫石茶亭，过亭南行，就是广东省平远县，过亭东行则是福建省武平县。

总体来看，周田交通主要是围绕几条古驿道路线：一是赣粤线，寻乌澄江至平远下坝，会昌筠门岭至平远下坝。二是赣闽线，寻乌澄江至武平县民主乡。三是寻乌县内线，澄江至罗塘。

朱德模仿秀

1929 年 2 月 1 日，朱、毛红军在寻乌吉潭圳下宿营，晚上遭国军刘士毅部偷袭，我军损失惨重。朱德痛失伍若兰后带领余部向剑溪、周田境内的仙人石、调子石（又

周田村门楼

叫姐妹石）转移。敌军穷追不舍，朱德危在旦夕。时有渔溪村农友谢世煌（绰号叫"烂煌"）长得牛高马大，方脸阔嘴，天庭饱满，酷似朱德。在这千钧一发之际，他对追敌大吼一声："白狗子，你们的子弹是打不中我朱德的！"愚笨的敌人循声追去，朱德却从另一个方向和毛泽东等人带着红军转移到姐妹石。红军沿着两相依偎天然构成的石洞进入到一个可容千人的大石岩。从此，姐妹石便有了"红军洞""将军岩"等众多红色景观，演绎出许多军民团结抗击白军动人心弦的故事。

周田村位于赣、粤、闽的"三省通衢"之地，历史悠久，建筑艺术独特，保留了大量明清时期"祠宅合一"式的天井式客家民居建筑，建筑宏伟，外观庄重，风格、形制、空间组织规整统一，具备"围屋"的部分特性，石刻木雕保存较完好。可以说，周田是明清赣南客家民居发展和演变的实物佐证，体现了中国传统民居"人与自然和谐共生"居住文化，也体现了客家人"风水"信仰、防御文化等。周田古建筑大门匾额上，大多书有昭示其姓氏家族的渊源郡望地或显示其高贵门第、先贤能人之后的题铭，也就是"堂号"，如松树下王氏周崧公祠大厅门额题"崧祠鼎盛"，下田堂湾王氏巨辑公祠大厅门额题"世德钦承"，长坑子王氏明魁公祠大门门额题"槐阴永茂"，门楼题"凤鸣魁技"等内容，既是客家兴行"门榜"文化的例证，也是周田百姓心中难以忘怀的乡愁。

赣粤驿道

寻乌县
圳下村

　　圳下村名由来非常简单，走进圳下便可以看到，村头自东向西有一条小圳，村子位于小圳下方，故得名"圳下"。

　　圳下村位于江西省赣州市寻乌县吉潭镇东南面，距镇政府2公里，有9个村民小组，即社角、老围、排项、赤岭、新围、上屋、井唇、大营冈、店子。农户数375户，人口1480人，全村辖区4.2平方公里，耕地面积1575亩，果业面积达4100多亩。

　　圳下村具有深厚的历史文化底蕴，迄今有3000多年历史，20世纪80年代，圳下发掘出商周文化遗址。同时，圳下集合了商周文化遗址、圳下战斗旧址、公共食堂文化、圳下石拱桥、圳下文昌阁等多处具有较大影响的历史文化遗存。

　　圳下村是客家民俗与历史建筑的集结地，有恭安围、河唇坝围、德馨围3处百年以上的客家建筑。

　　圳下是块富有传奇色彩的土地，毛泽东、朱德、陈毅等老一辈革命家都曾在这里生活过、战斗过，发生在此的"圳下战斗"，被喻为"中国革命逢凶化吉之地"。至今，圳下还保留文昌阁、大食堂、伍若兰故居等战斗原址。因此，圳下曾荣获"全国文明村镇""江

圳下村俯瞰

西省法制示范村"等称号。

据《寻乌县圳下村刘氏四修族谱》记载,清五郎为圳下刘氏一脉开基鼻祖,因"其先人避宋元乱乃弃官,肇居于剑溪村,后公(清五郎)见古风圩桂竹头下平原沃壤,堪为开辟之所由是肇基焉"。清五郎九世孙惟贵公由桂竹头下迁至圳下,成为圳下刘氏开基祖。

圳下村是赣、闽、粤三省古驿道必经之路,素有"三省通衢"之说,圳下地处赣粤交通要道之一,是赣粤商户水陆交通的必经之地,产生了较为完备的次中心集镇架构。历代名人如文天祥、兵部尚书潘任、知名诗人邱上峰都曾在此居住过。

村东面与南面分别由赣南第二高峰项山甑,群山雄肆,山上具有高纬度海拔的生物层次分布,山顶有"一脚踏三省,两眼观六县"的景观效果,是一处具有登高、休闲的旅游胜地。南面是莲花嶂,因山腰由几道环形山脊围绕主峰貌似莲花而得名。西面是狭长的平地,北面则是缓坡。村中的圳下河自东向西流入吉潭河,再注入寻乌河,由此构成了圳下村开阔平坦、农田肥沃的山间盆地气象。

白马引路

长宁县腰古堡的刘恭儒夫妇是老实善良、勤劳俭朴的人。他们是清朝年间人,为剑溪清五郎公后裔,原是挑脚货郎,靠挑香纸蜡烛、鞭炮和其它干货、杂货到石溪一带迂回(即今寻乌长宁)叫卖为生。当时他们从圳下出发,转石溪时要经过兰贝、小崖畲、河岭等地,然后才上石溪。夫妇两人如此辛苦赚来的钱,经常乐于捐献财物,用于修桥铺路、济世救贫,赢得了乡梓的一致好评。

一天傍晚时分,刘恭儒夫妇照常走河岭回家,经过小崖畲甲水子时,看见路边有一匹白色的小雄马在吃草,好像已经吃饱了却不回去,猜想应该是河岭梓叔赶丢了的小雄马,不认得路回去才站在路边徘徊的。恭儒公于是放下挑货的箩担,出于好心过去赶白色的小雄马往河岭方向走,不料,小雄马一发惊,跑到山上的叉路里了。恭儒公老婆着急地责怪道:"老头子,怎么那么不小心,现在把河岭梓叔的小雄马赶到山上的叉路里了,小白马就更认不得路回去河岭了,怎么办啊?"

恭儒公说："帮人帮到底，一定要帮刘家梓叔的这匹小雄白马赶回河岭去。"说完就继续追赶小雄马，结果小白马越赶越惊，一直赶到大山顶上的石岩下就不见了。恭儒公觉得非常奇怪，心想难道是天马飞走了不成？不一会，石岩下发出一阵阵"咯嚓！咯嚓！"的响声，恭儒公气喘吁吁过去一看，原来是小白马掉进了一个大大的银窖里，是马蹄踏踩银子发出的声音。恭儒公拿起银子一看，原来是窖官府纯银，但根本判断不出是哪个朝代埋下去的。

恭儒公夫妇用箩索把小白马吊出银窖，后把它送回了河岭，然后把纯银悄悄运回圳下老家的谷仓里，足足装了好几禾仓。夫妇商量后，没有暴露半点自己捡到官府纯银的消息，两人继续挑货到石溪去卖，过着艰苦的日子。

恭儒公夫妇自从捡到这窖官银后，先在古丰圩开了家火店，然后济世救贫、修桥铺路和广建茶亭，如甲溪坝小田村的"寸功亭"等。此外，他们夫妇还特别注重教育事业，经常请剑溪万安书院教书的邱上峰先生到圳下来讲学，从此成为知交。刘恭儒夫妇通过邱上峰的关系，后请得了长宁县的其他名流来圳下教书。为圳下教育事业做出贡献的老师，或者亲朋要上京赴考时，刘恭儒夫妇都一律送给巨资做路费盘缠，帮助他们应考。此举也曾成为一时佳话，引得各路贤达前来圳下云集，所以刘恭儒夫妇家里时有高朋满座，夫妇也深得世人尊重。

圳下战斗

1929 年 1 月初，为了粉碎湘赣两省反动派向井冈山发动的"会剿"，以毛泽东为书记的红四军在宁冈白露村召开会议，决定红四军主力突围下山到赣南打游击，史称"白露会议"。会后，途经遂川、上犹、崇义、大余、全南、龙南、定南、安远，一路上与尾追而来的敌军刘士毅部且战且走。红军于 1 月 31 日抵达寻乌境内寨下，经分水坳、高头、公平到菖蒲圩宿营。毛泽东在菖蒲圩接见寻乌党组织负责人古柏、钟锡球、侯大风，指示寻乌党组织要进一步发动群众，扩大武装，建立革命政权。红四军还召开了群众大会，宣传红军政策，号召穷人要团结起来，打土豪分田地，开展武装斗争。

圳下战斗旧址

2月1日，红四军从菖蒲出发，经黄砂、廖坑排、余田、青龙、珠村、石排、双茶亭，到达吉潭东南侧3华里处的圳下村宿营。翌日凌晨，天还未亮，部队正在整装待发，有的同志还没有吃饭，尾追红军的刘士毅部两个旅4个团突然向红军驻地发起进攻，红四军军部遭到袭击，有些部队被打散，军部机关和毛泽东、朱德、陈毅等被分别包围，情况十分危急。红军凭着有利的地形跟敌人展开了激战，安全地摆脱了敌人的围追。但朱德的妻子伍若兰不幸被捕，后被押至赣州，英勇牺牲。

圳下战斗后，红四军来到项山乡的罗福嶂。2月3日毛泽东在罗福嶂芹菜塘主持召开了前委扩大会议，史称"罗福嶂会议"。参加会议的有毛泽东、朱德、陈毅、朱云卿和林彪等。会议研究了当时的形势，总结了斗争经验，特别是下山后的几次战斗情况。讨论并拟定了部队的团改为纵队建制的方案：即二十八团主力改为第一纵队，军部直属特务营、独立营和二十团一部合编为第二纵队，三十一团改为第三纵队，以迷惑敌人，方便行动。罗福嶂会议后，红军得知敌人正在向罗福嶂包围的情报，便立刻折向闽西挥向会昌、瑞金，踏上了新征程。

历史长河，波澜不惊，似深涧流泉，款款乎千古流韵；岁月流年，笙箫常鸣，如白驹过隙，倏忽间已逾千年。圳下村走过千年历史，在岁月的风霜中砥砺前行。与所有的村落一样，圳下经历了由蛮荒到文明的嬗递，都随着时代的脉搏一起由落后走向兴盛，由贫穷走向富裕。不同的是，圳下在历史的恩惠中，经历了一件件或凝重、或悲壮、或自豪、或抒情的历史往事，因此它变得更加厚重、更具内涵。

如果说勤劳质朴的圳下人开垦出了一方客家人和睦相处的桃源乐土，那么，进入近代，圳下村人在血与火的洗礼中勃发出一种自信与顽强、无畏与奉献的精神品格，也由此走向了自由民主的新生活。沐浴着新时代的阳光雨露，圳下村人在传承先祖精神的基础上开辟一条"兴果富民"的道路，正阔步走在全面小康的复兴大道上。

图书在版编目（CIP）数据

山水家园：美丽乡愁：江西历史名村文化档案 / 姚亚平主编；邹锦良编撰.
-- 南昌：江西美术出版社, 2018.3（2020.5 重印）
ISBN 978-7-5480-5956-1

Ⅰ.①山… Ⅱ.①姚… ②邹… Ⅲ.①乡村—介绍—中国 Ⅳ.①K928.5

中国版本图书馆CIP数据核字（2018）第009476号

出 品 人：周建森
责任编辑：方 姝 朱倩文
责任印制：吴文龙 汪剑菁
封面设计：梅家强
版式设计：梅家强 林思同 先鋒設計

山 水 家 园
SHANSHUI JIAYUAN

美丽乡愁——江西历史名村文化档案

主　　编：姚亚平
执行主编：张天清
编　　撰：邹锦良
出　　版：江西美术出版社
社　　址：南昌市子安路66号
邮　　编：330025
电　　话：0791-86566309
发　　行：全国新华书店
印　　刷：三河市兴国印务有限公司
版　　次：2018年3月第1版
印　　次：2020年5月第3次印刷
开　　本：787mm×1092mm 1/16
字　　数：336千字
印　　张：12.75
书　　号：ISBN 978-7-5480-5956-1
定　　价：48.00元